VAU

ZS

© Verlag Zabert Sandmann
München
1. Auflage 2007
ISBN 978-3-89883-180-2

Grafische Gestaltung	Georg Feigl
Rezeptfotos und Porträtfotos von Johannes B. Kerner	Jan-Peter Westermann
Foodstyling	Michaela Pfeiffer
Styling	Katrin Heinatz
Set-Fotos	siehe Bildnachweis (Seite 185)
Redaktion	Alexandra Schlinz, Kathrin Ullerich
Redaktion Hamburg	Christian Löwendorf
Herstellung	Karin Mayer, Peter Karg-Cordes
Lithografie	Christine Rühmer
Druck & Bindung	Mohn media Mohndruck GmbH, Gütersloh

Die Talkshow »Johannes B. Kerner« ist eine Sendung des Zweiten Deutschen Fernsehens.
ZDF-Logo lizenziert von ZDF Enterprise GmbH

Besuchen Sie uns auch im Internet unter www.zsverlag.de

Johannes B. Kerner

Kerners Kochbuch

Mit Fotos von
Jan-Peter Westermann

ZABERT SANDMANN

Inhalt

Liebe Leserinnen, liebe Leser,

seit dem Start unserer Kochshow am 16. Dezember 2004 ist nicht nur viel Wasser die Elbe heruntergeflossen bzw. in Töpfen gekocht worden, die Sendung hat sich auch immerfort weiterentwickelt. Schon nach wenigen Wochen war klar, dass die fünf Köche der ersten Sendungen allein schon aus Termingründen nicht bei jeder Aufzeichnung dabei sein könnten. Und so fanden neben Prominenten mit kulinarischer Begeisterung auch immer neue Köche den Weg in unser Hamburger Studio: Spitzenköche aus dem In- und Ausland (Österreich, Schweiz, Luxemburg, Italien, England, Schweden, Tunesien), Fernsehköche, Szeneköche, Sterneköche. Für uns war nicht abzusehen, dass unsere freitägliche Kochshow bis zu drei Millionen Zuschauer vor die Bildschirme locken (und das kurz vor Mitternacht!) und ein erfolgreicher Dauerbrenner werden würde. Und keiner konnte sich ausmalen, was das für organisatorische Folgen haben würde: Die verschiedenen Köchinnen und Köche müssen eingeladen werden, Termine abgestimmt werden, Motti geklärt werden, Gerichte aufeinander abgestimmt werden; es muss ausdiskutiert werden, dass schon ein Scampi-Gericht unter den Vorspeisen ist und deshalb – sagen wir einmal – ein Scampi-Eis nicht auch noch in die Sendung passt; Zutaten müssen besorgt und die Kolleginnen und Kollegen aus der Requisite beruhigt werden, dass es statt des angeforderten Filets eines mit Eicheln gemästeten seltenen Schweins aus einem kleinen unzugänglichen Bergdorf in Südspanien notfalls auch ein schlichtes Nackenkotelett sein darf (der Fairness halber muss ich jedoch erwähnen, dass die meisten Köchinnen und Köche ihre ganz speziellen Zutaten selbst mitbringen: Sollten Sie also Kolja Kleeberg im Intercity von Berlin nach Hamburg begegnen, nicht wundern, dass er eine Schweinehälfte am Kleiderhaken hängen hat); das Talkshow-Studio muss zu einer

Großküche umgebaut werden; Prosecco, der später an die Zuschauer im Publikum verteilt wird, muss in ausreichender Menge kalt gestellt werden, und und und. Apropos Zuschauer: Unser Studio im Hamburger Stadtteil Rotherbaum hat ungefähr 130 Plätze. Die Nachfrage nach Eintrittskarten übersteigt diese Kapazität jedoch leider ein wenig. Zieht man die bis Ende des Jahres bereits zugeteilten Karten ab, bleibt eine Warteliste von knapp 5000 festen Anfragen – und täglich wird diese Liste länger und länger. Wenn man bedenkt, dass wir im Herbst 2007 die 100. Sendung ausstrahlen werden, wird einem klar, dass wiederum viel Wasser die Elbe herunterfließen wird, bis diese Liste abgebaut ist. Deshalb müssen wir immer wieder um Geduld bitten.

100 Sendungen bedeuten natürlich auch 500 Gerichte, die zubereitet wurden, übrigens von fast 70 verschiedenen Köchen. Immer wenn mir ein Gericht bei der Aufzeichnung besonders gut geschmeckt hat, lasse ich mir das Rezept von unserer Redaktion ausdrucken, hefte es in eine Art Ringbuch ab und schreibe mir meine Änderungen von Zutaten, Anmerkungen zur Zubereitung oder Tipps, die mir die Köche unter der Hand gegeben haben, dazu. Diese Sammlung hat deshalb von Freunden, die ich einlade und bekoche, den Titel »Kerners Kochbuch« bekommen. Als wir darüber nachdachten, ein zweites Buch mit weiteren Rezepten aus der Sendung herauszubringen, fanden wir diese Idee so charmant, dass wir sie einfach übernommen haben. Damit es nicht zu Doppelungen kommt, habe ich also aus den Sendungen, die seit dem Erscheinen des Buches »Kerners Köche« ausgestrahlt wurden, meine absoluten Lieblingsrezepte ausgewählt. Rezepte, die ich regelmäßig für meine Familie zubereite (z. B. Alfons' Fischstäbchen), mit denen ich meine Kinder beeindrucke (z. B. Alexanders Drachenfüßler), die ich mitbringe, wenn ich gebeten werde, etwas zu einem Büfett beizusteuern (z. B. Cornelias Kartoffelsalat mit Räucheraal), oder die als Vorspeise auch für eine größere Anzahl an Gästen perfekt

zuzubereiten sind (z. B. Alexanders Tomaten-Melonen-Kaltschale). Rezepte, mit denen ich Eindruck machen möchte (z. B. Johanns Kalbskotelett in Trüffelkruste), die mich zur Verzweiflung bringen, wenn ich sie nicht genau so hinbekomme wie in der Sendung (z. B. Ralfs Orangen-Panna-cotta mit Vanille-Paprika-Sugo), die viel einfacher sind, als man denkt (z. B. Leas Lammrücken »Bocuse d'Or«), die ich zuvor noch nicht kannte, aber seitdem liebe (z. B. die Älplermagronen von Andreas), die ich jahrelang anders (aber lange nicht mit dem Geschmacksergebnis) zubereitet hatte (z. B. Koljas Spaghetti carbonara), die ich zu bestimmten Anlässen jetzt traditionell koche (z. B. Horsts Hirschrücken mit Pflaumenrahm und Printen am zweiten Weihnachtsfeiertag), oder solche, die ich variieren muss, damit sie mir noch besser schmecken (z. B. Sarahs Büffelmozzarella mit Mangoscheiben, da Koriander noch immer nicht meine Welt ist).

An dieser Aufzählung sehen Sie schon, was dieses Buch ausmacht: Knapp 120 Rezepte von 18 Köchinnen und Köchen, die ich Ihnen am Ende des Buches mit einem Hinweis auf ihre jeweiligen Restaurants kurz vorstelle. Gerichte aus aller Herren Länder, feine Sterneküche und schnelle Zwischengerichte, Traditionelles und Verrücktes, Fisch wie Fleisch und die vielleicht besten Desserts, die ich je probieren durfte. Zu all diesen Rezepten finden Sie jeweils eine kleine Anmerkung von mir. Mal ein Kommentar, mal ein Variationsvorschlag, mal ein Tipp des jeweiligen Kochs, mal ein paar Hintergrundinformationen aus der Sendung. Ich würde mir wünschen, dass »Kerners Kochbuch« irgendwann zu Ihrem Kochbuch wird; vielleicht schreiben auch Sie sich Ihre Anmerkungen zum jeweiligen Rezept an den Rand oder legen Ihre Favoriten und eigenen Rezepte dazwischen. Vielleicht wird dieses Buch – mit Fettspritzern und Eselsohren – oft bei Ihnen in der Küche liegen, wenn Sie mit Freunden zusammen stundenlang in der Küche stehen und staunen, wie Sie bei einem Gericht, das ein Sternekoch innerhalb von 30 Sendeminuten perfekt arrangiert präsentiert, in dieser Zeit gerade einmal über das Gemüseputzen hinausgekommen sind. Aber keine Angst: Die ausgewählten Rezepte kann jeder garantiert nachkochen – und Gutes braucht manchmal seine Zeit. Wenn dieses Buch und die freitägliche Kochshow einen klitzekleinen Anteil daran hätten, bei Ihnen das Interesse am Kochen zu wecken oder neu zu beleben, dann würden sich jede der hier vertretenen Köchinnen und jeder Koch unbeschreiblich darüber freuen – und ich mich natürlich auch. Und dann wird hoffentlich nicht nur weiterhin viel Wasser die Elbe hinunterfließen, sondern auch in Ihren Töpfen zum Kochen gebracht werden.

Ihr

Johannes B. Kerner

Vorspeisen & Suppen

Die Köchinnen und Köche der Sendung bereiten den ersten Gang nicht gern zu, denn es bleiben gerade einmal zehn Minuten, bis angerichtet sein muss. Bei diesem Zeitdruck wird keiner gern in ein längeres Gespräch verwickelt. Ein Koch hat mir einmal unter dem Tresen mächtig gegen das Schienbein getreten, weil ich das Flehen in seinen Augen (»Geh bitte zum Nächsten!«) ignoriert hatte.

Tomaten-Melonen-Kaltschale mit Parmaschinken-Chips

Alexander Herrmann

Zutaten für 4 Personen:

1/2 Wassermelone
4 Tomaten
6 Zweige Thymian
1 EL Olivenöl
1 Schuss Weißweinessig
Cayennepfeffer
Meersalz
Pfeffer aus der Mühle
Chilipulver
12 Scheiben Parmaschinken

1 Für die Kaltschale die Melone vierteln, das Melonenfruchtfleisch herauslösen und in Würfel schneiden, dabei die Kerne entfernen. Die Tomaten waschen, vierteln und entkernen, das Fruchtfleisch in grobe Stücke schneiden. Den Thymian waschen, trocken schütteln und die Blättchen abzupfen.

2 Melonen- und Tomatenstücke, Thymianblättchen, Olivenöl und Essig mit dem Stabmixer fein pürieren. Die Kaltschale mit Cayennepfeffer, Salz, Pfeffer und Chili würzen und – wenn möglich – 1 Stunde kühl stellen.

3 Für die Parmaschinken-Chips den Backofen auf 160 °C vorheizen. Den Parmaschinken auf einem mit Backpapier ausgelegten Backblech verteilen und mit einem weiteren Bogen Backpapier bedecken. Die Schinkenscheiben mit einem kleinen Backblech oder einer ofenfesten Platte beschweren und im vorgeheizten Backofen auf der mittleren Schiene etwa 8 Minuten knusprig backen.

4 Die Tomaten-Melonen-Kaltschale auf tiefe Teller oder Schälchen verteilen und mit den Parmaschinken-Chips servieren.

Johannes B. Kerner

» Über die Tomaten-Kaltschale hobele ich ganz gern noch ein paar hauchdünne Späne Parmesan. Alexander hat mir außerdem einen guten Tipp gegeben: Wenn man die Kaltschale mit 1 zusätzlichen Schuss Weißweinessig püriert, kann man sie auch gut als Marinade für einen Rucola-Mozzarella-Salat verwenden. «

Gazpacho »andaluz real« mit Mandeln und Oliven

Kolja Kleeberg

Zutaten für 4 Personen:
1,2 kg Tomaten
1 rote Chilischote
2 rote Paprikaschoten
1 Salatgurke
2 Gemüsezwiebeln
2 Knoblauchzehen
50 g geschälte Mandeln
Meersalz
weißer Pfeffer aus der Mühle
Zucker · Saft von 1 Zitrone
6 Scheiben Toastbrot
4 EL Olivenöl
2 EL Rotweinessig
2 Frühlingszwiebeln
1 Bund Schnittlauch
2 hart gekochte Eier
2 EL schwarze Oliven
(ohne Stein)

1 Am Vortag die Tomaten (bis auf 2 Tomaten, die für die Einlage beiseitegelegt werden) kreuzweise einritzen, überbrühen, häuten, vierteln und entkernen. Die Chili- und 1 Paprikaschote längs halbieren, entkernen, waschen und klein schneiden. Die Gurke schälen und quer halbieren, eine Hälfte längs halbieren, entkernen und ebenfalls klein schneiden. Die Zwiebeln und den Knoblauch schälen und grob zerkleinern. Die vorbereiteten Zutaten in einer Schüssel mit 40 g Mandeln mischen, mit Salz, Pfeffer, 1 Prise Zucker und Zitronensaft abschmecken und über Nacht im Kühlschrank ziehen lassen.

2 Am nächsten Tag das Gemüse mit dem entstandenen Saft im Küchenmixer fein pürieren, dabei eventuell etwas eiskaltes Wasser hinzufügen. 3 Scheiben Toastbrot entrinden, in 2 EL Olivenöl und dem Essig einweichen und zur Bindung langsam unter die Gazpacho mixen.

3 Für die Einlage die beiseitegelegten Tomaten kreuzweise einritzen, überbrühen, häuten und entkernen, das Fruchtfleisch in Würfel schneiden. Die zweite Gurkenhälfte und die restliche Paprikaschote längs halbieren, entkernen und ebenfalls in Würfel schneiden. Die Frühlingszwiebeln putzen, waschen und in Ringe schneiden. Den Schnittlauch waschen, trocken schütteln und in feine Röllchen schneiden. Das Eiweiß der hart gekochten Eier in Würfel schneiden, die Eigelbe anderweitig verwenden. Die Oliven und die restlichen Mandeln grob hacken. Alle vorbereiteten Zutaten unter die Gazpacho rühren.

4 Für die Croûtons die restlichen Toastbrotscheiben entrinden und in Würfel schneiden. In einer Pfanne 2 EL Olivenöl erhitzen und die Brotwürfel darin goldbraun braten. Die Gazpacho auf Schälchen oder tiefe Teller verteilen und mit den Croûtons bestreuen.

Johannes B. Kerner

» Ich liebe Gazpacho. Und obwohl ich diese nicht irgendwo in Barcelona am Hafen oder in Andalusien am Strand gegessen habe, muss ich sagen, sie war eine der besten, an die ich mich erinnere. Vielleicht, weil am Tag der Sendung die Klimaanlage im Studio ausgefallen war und die fünf Kochstellen und Öfen sowie die Scheinwerfer für südspanische Temperaturen gesorgt hatten. Außerdem hat mir Kolja verraten, wie man in Spanien testet, ob die Gazpacho perfekt ist: Wenn man einen Eiswürfel in die Suppe gibt, darf dieser nicht schmelzen. «

Bärlauch-Latte-macchiato mit Zitronengras-Espuma und Garnelen

Johann Lafer

Zutaten für 4 Personen:

Für die Suppe:
150 g Bärlauch
100 g Schalotten
2 Knoblauchzehen
ca. 70 g Butter
600 ml Geflügelfond
330 g Sahne
Salz · Pfeffer aus der Mühle
Chili aus der Gewürzmühle
frisch geriebene Muskatnuss

Für die Espuma:
1 Schalotte
3 Stangen Zitronengras
150 ml Weißwein
3 schwarze Pfefferkörner
1 getrocknete Chilischote
300 g Butter
Saft von 1/2 Zitrone
4 Eier · 50 g Sahne
Salz · Pfeffer aus der Mühle
Zucker

Für die Garnelen:
4 küchenfertige Garnelen (bis auf das Schwanzstück geschält)
4 Stangen Zitronengras
Salz · Pfeffer aus der Mühle
1 EL Olivenöl
je 1 Zweig Rosmarin und Thymian
2 Knoblauchzehen
2 EL Butter
1 EL gehackte Petersilie

1 Für die Suppe den Bärlauch putzen, waschen und trocken schleudern, grobe Stiele entfernen. Die Schalotten und den Knoblauch schälen, die Schalotten in Streifen, den Knoblauch in feine Würfel schneiden. In einem Topf 3 EL Butter zerlassen, Schalotten und Knoblauch darin andünsten. Den Geflügelfond dazugeben, aufkochen und auf zwei Drittel einkochen lassen. 300 g Sahne hinzufügen und erneut etwas einkochen lassen.

2 Den Bärlauch und die Suppe im Küchenmixer ganz fein pürieren und durch ein feines Sieb in den Topf passieren. Mit Salz, Pfeffer, Chili und Muskatnuss abschmecken. Kurz vor dem Anrichten 3 EL Sahne halb steif schlagen. Das Bärlauchsüppchen mit 4 EL kalter Butter und der Sahne aufmixen.

3 Für die Espuma (Espuma = Schaum) die Schalotte schälen und in feine Würfel schneiden. Das Zitronengras putzen, waschen und fein zerstoßen. Den Wein mit Schalotte, Zitronengras, Pfefferkörnern und Chili aufkochen und bei schwacher Hitze ziehen lassen. Dann durch ein feines Sieb passieren und die Flüssigkeit auf etwa 30 ml einkochen lassen. Die Butter in kleine Würfel schneiden und in der noch warmen Reduktion schmelzen lassen. Den Zitronensaft sowie 1 Ei, 3 Eigelbe und die Sahne dazugeben. Die Zitronengrassauce glatt rühren und mit Salz, Pfeffer und Zucker würzen. Auf 65 °C erwärmen und durch ein feines Sieb streichen. In den Sahnesiphon füllen, die Sahnekapseln aufschrauben und den Siphon gut schütteln.

4 Die Garnelen waschen und trocken tupfen, auf die Zitronengrasstangen spießen und mit Salz und Pfeffer würzen. Das Olivenöl in einer Pfanne erhitzen und die Garnelen darin rundum anbraten. Die Kräuterzweige waschen und trocken schütteln, den Knoblauch schälen und halbieren. Die Kräuter, den Knoblauch und die Butter in die Pfanne geben und die Garnelen damit glasieren. Zuletzt die Petersilie hinzufügen. Die Bärlauch-Latte-macchiato in Whiskeygläser füllen und die Zitronengras-Espuma daraufspritzen, mit den Garnelenspießen servieren.

Johannes B. Kerner

» Johann hat mir noch verraten, wie man als Deko ganz einfach Kartoffel-Bärlauch-Chips herstellen kann: Dafür wird 1 rohe Kartoffel in hauchdünne Scheiben geschnitten und kurz in Salzwasser weich gegart. Die Hälfte der Kartoffelscheiben legt man auf ein mit Backpapier ausgelegtes Backblech, gibt darauf jeweils etwas klein geschnittenen Bärlauch und legt eine zweite Kartoffelscheibe darauf. Darauf kommen ein Bogen Backpapier und ein Backblech zum Beschweren. Die Chips im vorgeheizten Backofen bei 200 °C auf der mittleren Schiene etwa 15 Minuten goldbraun backen. «

Süßsauer marinierte Rostbratwürstel

Alfons Schuhbeck

Zutaten für 4 Personen:

1 Möhre
150 g Knollensellerie
2 Zwiebeln
500 g Nürnberger Rostbratwürste
1 EL Puderzucker
1 l Geflügelbrühe
1 Lorbeerblatt
3 Wacholderbeeren
5 Pimentkörner
1 TL schwarze Pfefferkörner
1 rote Chilischote · Salz
3–4 EL Rotweinessig
1 EL Zucker
Cayennepfeffer
1 Knoblauchzehe
4 Scheiben Ingwer
1 Streifen unbehandelte Zitronenschale
40 g kalte Butter
1/2 Bund Petersilie

1 Das Gemüse putzen, schälen und in 1/2 cm große Würfel schneiden. Die Rostbratwürste in 1/2 bis 1 cm dicke Scheiben schneiden.

2 Den Puderzucker in einem Topf bei mittlerer Hitze hell karamellisieren. Das Gemüse hinzufügen und glasig andünsten.

3 Die Brühe dazugießen und das Lorbeerblatt hinzufügen. Die Wacholderbeeren, Piment- und Pfefferkörner in ein Gewürzsäckchen geben und ebenfalls in die Suppe geben. (Am besten eignet sich dafür ein Tee-Ei oder ein Einweg-Teebeutel, den man mit einer Klammer verschließt.) Das Gemüse in der Suppe knapp unter dem Siedepunkt etwa 10 Minuten ziehen lassen, bis es fast weich ist.

4 Die Chilischote längs halbieren, entkernen, waschen und in feine Streifen schneiden. Die Chilistreifen in wenig Salzwasser blanchieren, bis sie weich sind. Kalt abschrecken und in feine Würfel schneiden.

5 Die Brühe mit den Chiliwürfeln, Essig, Zucker, Salz und 1 Prise Cayennepfeffer abschmecken. Den Knoblauch schälen und halbieren, mit den Wurstscheiben, dem Ingwer und der Zitronenschale dazugeben und etwa 3 Minuten in der Brühe ziehen lassen. Anschließend das Gewürzsäckchen und die ganzen Gewürze wieder entfernen.

6 Die Brühe durch ein Sieb in einen Topf gießen und die Butter mit dem Stabmixer unterrühren. Mit Zucker, Salz und Essig abschmecken. Die Petersilie waschen und trocken schütteln, die Blätter abzupfen und fein hacken.

7 Die Bratwurstscheiben und das Gemüse auf tiefe Teller verteilen und die aufgeschäumte Suppe darübergeben. Mit der Petersilie bestreuen.

Johannes B. Kerner

» Wenn Sie sich nicht haargenau an die Mengenangaben halten, besteht die Gefahr, dass die Suppe schnell zu säuerlich wird. Außerdem ist jede Essigsorte verschieden. Passen Sie also besonders bei der Zugabe von Essig und Zitrone auf. «

Weißwurstradln mit sommerlichen Salaten

Alfons Schuhbeck

Zutaten für 4 Personen:

Für die Weißwurstradln:
6 Weißwürste · 2 Eier
Salz · Pfeffer aus der Mühle
1 Spritzer Zitronensaft
100 g doppelgriffiges Mehl
100 g Semmelbrösel
Öl zum Braten

Für das Dressing und den Salat:
1/8 l Gemüsebrühe
2–3 EL Rotweinessig
1 Scheibe Knoblauch
1 TL scharfer Senf
6 EL mildes Olivenöl
Salz · Pfeffer aus der Mühle
Cayennepfeffer · Zucker
450 g gemischte Salatblätter
1 Bund gemischte Kräuter (z. B. Brunnenkresse, Petersilie, Basilikum, Schnittlauch)

1 Für die Weißwurstradln die Haut von den Weißwürsten abziehen und die Würste schräg in etwa 2 cm dicke Scheiben schneiden.

2 Die Eier in einem tiefen Teller verquirlen, mit Salz, Pfeffer und Zitronensaft würzen. Das Mehl und die Semmelbrösel ebenfalls auf je einen tiefen Teller verteilen. Die Weißwurstscheiben nacheinander zuerst im Mehl wenden, dann durch die verquirlten Eier ziehen und zuletzt mit den Semmelbröseln panieren.

3 In eine Pfanne etwa fingerhoch Öl gießen und erhitzen. Die Weißwurstscheiben darin auf beiden Seiten bei mittlerer Hitze goldbraun braten. Aus der Pfanne nehmen und auf Küchenpapier abtropfen lassen.

4 Für das Dressing die Brühe mit dem Essig, dem Knoblauch und dem Senf in einen hohen Rührbecher geben und mit dem Stabmixer verrühren, dabei das Olivenöl zuerst tröpfchenweise, dann zügiger dazugießen. Das Dressing mit Salz, Pfeffer und je 1 Prise Cayennepfeffer und Zucker kräftig würzen.

5 Für den Salat die Salatblätter waschen, trocken schleudern und in mundgerechte Stücke zupfen. Die Kräuter waschen und trocken schütteln, die Blätter abzupfen, den Schnittlauch in Röllchen schneiden.

6 Salatblätter und Kräuter mit dem Dressing marinieren, mit Salz, Pfeffer und Zucker abschmecken. Den Salat auf Teller verteilen und die gebackenen Weißwurstradln darauf anrichten.

Johannes B. Kerner

» Machen Sie sich nicht verrückt bei der Suche nach doppelgriffigem Mehl, nehmen Sie einfach das, was Sie im Schrank stehen haben. Und nicht verraten: Selbst Alfons kocht nicht jede Gemüsebrühe vor der Sendung selbst. Es gibt inzwischen ganz hervorragende Brühpulver, die mit Wasser aufgekocht für viele Zubereitungsformen vollkommen ausreichend sind. «

Salat von Herbsttrompeten mit Birnen, Speck und Preiselbeerknusper

Mario Kotaska

Zutaten für 4 Personen:

1 unbehandelte Orange
50 g Crème fraîche
100 g Preiselbeeren
(aus dem Glas)
Salz · Pfeffer aus der Mühle
400 g Herbsttrompeten
1 Kopf Friséesalat
1 Kopf Radicchio
100 g Feldsalat
2 reife Birnen
100 g geräucherter Speck
4 EL Walnussöl
2 EL Sherryessig
4 Scheiben Roggenknäckebrot

1 Für den Preiselbeerknusper die Orange heiß waschen und trocken reiben. Etwa 1 TL Schale fein abreiben, die Frucht halbieren und den Saft auspressen. Die Crème fraîche mit den Preiselbeeren, etwas Orangensaft und der Orangenschale verrühren. Die Preiselbeercreme mit Salz, Pfeffer und nach Belieben mit Zucker abschmecken.

2 Für den Salat die Herbsttrompeten gründlich waschen und auf einem Küchentuch abtropfen lassen. Die Salate putzen, waschen und trocken schleudern, Frisée und Radicchio in mundgerechte Stücke zupfen.

3 Die Birnen waschen und vierteln, nach Belieben schälen und die Kerngehäuse entfernen. Die Birnenviertel in Spalten schneiden. Den Speck in feine Streifen schneiden und in einer beschichteten Pfanne ohne Fett kross anbraten. Die Birnen dazugeben und kurz mitbraten. Dann die Pilze hinzufügen und ebenfalls mitbraten. Das Öl und den Essig dazugeben (so entsteht eine Art Vinaigrette zum Marinieren des Salats).

4 Den Salat kurz in der Pfanne schwenken und mit dem Speck und den Pilzen auf Teller verteilen. Mit der in der Pfanne verbliebenen Vinaigrette beträufeln und nach Belieben mit etwas abgeriebener Orangenschale garnieren. Die Knäckebrotscheiben mit der Preiselbeercreme bestreichen und zu dem Salat servieren.

Johannes B. Kerner

» Ein typisches Rezept, bei dem ich mich frage, wie es im restlichen Jahr funktioniert. Mit Winterklarinetten? Frühjahrsoboen oder Sommerposaunen? Zuchtpilze wie Champignons oder Shiitake gibt es zwar das ganze Jahr, sie sind aber geschmacklich mit Wildpilzen – am liebsten selbst gesuchten und gefundenen – nicht vergleichbar. «

Petersilienwurzelherz mit Feldsalat und Orangen-Vinaigrette

Johann Lafer

Zutaten für 4 Personen:

Für das Püree:
350 g Petersilienwurzeln
150 g mehlig kochende Kartoffeln
2 Schalotten
3 EL Butter
400 ml Geflügelfond
150 g Sahne
Salz
frisch geriebene Muskatnuss

Für die Vinaigrette und den Salat:
1/2 Vanilleschote
1/4 l Orangensaft (frisch gepresst)
abgeriebene Schale und Saft von 1/2 unbehandelten Limette
60 ml Olivenöl
Salz · Pfeffer aus der Mühle
120 g Feldsalat
300 g Räucherlachsfilet
60 g Walnüsse

1 Für das Püree die Petersilienwurzeln und die Kartoffeln schälen, waschen und klein schneiden. Die Schalotten schälen und in feine Würfel schneiden. Die Butter in einem Topf zerlassen und die Schalotten darin andünsten. Die Petersilienwurzeln und die Kartoffeln hinzufügen und mitdünsten. Den Fond dazugießen und bei mittlerer Hitze so lange köcheln lassen, bis die Flüssigkeit fast völlig verkocht und das Gemüse ganz weich ist.

2 Die Sahne hinzufügen und bei schwacher Hitze sämig einköcheln lassen. Alles mit dem Stabmixer pürieren, mit Salz und Muskatnuss abschmecken und durch ein feines Sieb passieren. Das Püree warm halten.

3 Für die Vinaigrette das Vanillemark aus der Schote kratzen. Den Orangensaft mit dem Vanillemark und der -schote sowie der Limettenschale in einem kleinen Topf bei mittlerer Hitze auf die Hälfte einkochen lassen. Dann kühl stellen und die Vanilleschote entfernen.

4 Das Olivenöl mit dem Stabmixer nach und nach unter den abgekühlten Orangensaft rühren. Die Orangen-Vinaigrette mit Limettensaft, Salz und Pfeffer abschmecken.

5 Den Feldsalat verlesen, waschen, trocken schleudern und mit der Orangen-Vinaigrette marinieren. Das Lachsfilet in 8 dünne Scheiben schneiden und jeweils zu einer Rose zusammenlegen. Die Walnüsse in einer beschichteten Pfanne ohne Fett anrösten und hacken.

6 Das Petersilienwurzelpüree in einen Spritzbeutel mit Sterntülle füllen und Püreeherzen auf vier große Teller spritzen, den marinierten Salat und die Lachsrosen darauf anrichten. Die Walnüsse über den Feldsalat streuen.

Johannes B. Kerner

» Johann hat diesen Salat in unserer Sendung zum Valentinstag gemacht. Er macht optisch natürlich ordentlich was her (der Salat, Johann natürlich auch), und vor allem hat er einen Mehrwert: Lerne die Natur kennen und die Zutaten, die Du in ihr findest. Und dann wirst Du irgendwann merken, dass man von der Petersilie nicht nur die Blätter essen kann, sondern auch das, was Dir unter der Erde bislang verborgen geblieben war. Und das auch noch püriert – was will man mehr? «

Blattsalate mit gebratenen Garnelen

Alfons Schuhbeck

Zutaten für 4 Personen:
60 ml Gemüsebrühe
2 EL weißer Portwein
Salz · Zucker
1 Msp. Cayennepfeffer
2 Scheiben Knoblauch
3 Scheiben Ingwer
je 50 g Naturjoghurt
und saure Sahne
1 TL scharfer Senf
1 EL Rotweinessig
1 TL Balsamico bianco
1 TL Sherry (medium dry)
70 ml mildes Olivenöl
50 ml Pflanzenöl
1 TL Walnussöl
350 g gemischte Salatblätter
(z. B. Lollo rosso, Friséesalat,
Radicchio, Eissalat, Kopfsalat)
16 Riesengarnelen (ohne Kopf)
1 Knoblauchzehe
1 EL Butter
je 1 Streifen unbehandelte
Zitronen- und Orangenschale
1 Splitter Zimtrinde
1 kleines Stück Vanilleschote
Currypulver
Pfeffer aus der Mühle

1 Für das Dressing die Brühe mit dem Portwein und jeweils 1 TL Salz und Zucker in einem kleinen Topf aufkochen. Den Cayennepfeffer hinzufügen, den Knoblauch und 2 Scheiben Ingwer einlegen und den Topf vom Herd nehmen. Die Brühe abkühlen lassen und durch ein Sieb gießen. Die Brühe mit Joghurt, saurer Sahne, Senf, beiden Essigsorten und Sherry in einen hohen Rührbecher geben und mit dem Stabmixer verrühren. Dabei 50 ml Olivenöl sowie das Pflanzen- und das Walnussöl nach und nach dazugießen.

2 Für den Salat die Salatblätter waschen, trocken schleudern und in mundgerechte Stücke zupfen.

3 Für die gebratenen Garnelen die Riesengarnelen schälen, längs halbieren und den schwarzen Darm entfernen. Die Garnelen waschen und trocken tupfen. Das restliche Olivenöl in einer Pfanne erhitzen und die Garnelen darin auf beiden Seiten bei schwacher Hitze 1 bis 2 Minuten anbraten. Die Pfanne vom Herd nehmen und die Garnelen beiseitestellen.

4 Das Fett mit Küchenpapier aus der Pfanne tupfen. Den Knoblauch schälen und halbieren. Die Butter in der Pfanne bei schwacher Hitze zerlassen. Halbierten Knoblauch, Zitronen- und Orangenschale, Zimt, Vanilleschote, die restliche Ingwerscheibe und 1 Prise Currypulver hinzufügen und alles verrühren. Die Garnelen dazugeben und kurz in der Gewürzbutter schwenken. Die ganzen Gewürze entfernen, die Garnelen mit Salz und Pfeffer würzen.

5 Zum Servieren die Salatblätter mit dem Dressing marinieren, auf Teller verteilen und die gebratenen Garnelen darauf anrichten.

Johannes B. Kerner

» Dieses Rezept lege ich Ihnen ganz besonders ans Herz, denn schon die einzelnen Bausteine sind jeder für sich ein Hochgenuss. Die Garnelen schmecken – typisch für Alfons – durch die verschiedenen Gewürze so einzigartig, dass man sie auch auf Nudeln servieren oder direkt aus der Pfanne naschen kann. Und das Salat-Dressing ist für mich eines der stimmigsten, das ich je zubereitet habe. Auch wenn man dafür viele verschiedene Zutaten benötigt, jede einzelne ist wichtig. Diese Garnelen auf einem Salat mit diesem Dressing – das ist einfach ein umwerfendes Gesamtergebnis! «

Orangen-Käse-Salat mit Pilz-Walnuss-Dressing

Horst Lichter

Zutaten für 4 Personen:
je 1 Kopf Romana- und Friséesalat
1 Kopf Radicchio
1 Zwiebel
300 g Wiesenchampignons
3 EL Öl
100 g gehackte Walnüsse
Salz · Pfeffer aus der Mühle
100 ml Gemüsebrühe
2 EL Weißweinessig
3 EL Naturjoghurt
1 Orange
2 Camemberts (à 125 g)
1 Bund Basilikum

1 Die Salate putzen, waschen, trocken schleudern und in mundgerechte Stücke zupfen. Die Zwiebel schälen und in feine Ringe schneiden. Die Champignons putzen, mit Küchenpapier trocken abreiben und vierteln. Das Öl in einer Pfanne erhitzen, Zwiebelringe, Pilze und gehackte Walnüsse darin anbraten. Mit Salz und Pfeffer würzen.

2 Die Brühe und den Essig hinzufügen und alles kurz aufkochen. Die Pfanne vom Herd nehmen und den Joghurt unterrühren. Das Pilz-Walnuss-Dressing beiseitestellen. Den Backofen auf 100 °C vorheizen.

3 Die Orange so großzügig schälen, dass auch die weiße Haut mit entfernt wird, und die Fruchtfilets aus den Trennhäuten schneiden. Die Camemberts vierteln, in eine ofenfeste Form setzen und im vorgeheizten Backofen auf der mittleren Schiene erwärmen.

4 Das Basilikum waschen, trocken schütteln und die Blätter abzupfen. Zum Anrichten die Salatblätter mit den warmen Käsevierteln und den Orangenfilets auf Teller verteilen, das Pilz-Walnuss-Dressing darübergeben. Mit den Basilikumblättern garniert servieren.

Johannes B. Kerner

» Ich persönlich würde die Pilze im Pilz-Walnuss-Dressing weglassen und stattdessen gebraten auf dem Salat servieren (am liebsten gebratene Pfifferlinge). Aber dann ist es nur noch ein Walnuss-Dressing … «

Kartoffel-Eier-Salat
mit Kräutern und Pilzen

Zutaten für 6 Personen:
2 große Kartoffeln (à ca. 150 g)
5–6 EL Olivenöl
Salz · Pfeffer aus der Mühle
6 Portobellopilze
(ersatzweise Füllchampignons)
1 Schalotte
8 Bio-Eier
4 EL Sahne
1 EL Butter · 1 TL Trüffelöl
125 g gemischte Wildkräuter
(z. B. Kerbel und Estragon)
1 TL Honig · 2 EL Zitronensaft
Meersalz · 40 g Parmesan

Johannes B. Kerner

» Ein ganz leckeres Gericht, und wenn man das Rührei weglässt, eine super Beilage zu gegrilltem Fleisch. Durch das Übergrillen bekommen die Portobellopilze, deren Hüte einen Durchmesser von bis zu 15 cm haben können, einen noch intensiveren Geschmack. «

1 Den Backofen auf 200 °C vorheizen. Die Kartoffeln gründlich waschen (am besten unter fließendem kaltem Wasser abbürsten), mit Schale in etwa 1/2 cm dicke Scheiben schneiden und mit Küchenpapier trocken tupfen. In einer ofenfesten Pfanne 2 EL Olivenöl erhitzen und die Kartoffelscheiben darin bei starker Hitze auf beiden Seiten knusprig braten. Dann mit Salz und Pfeffer würzen und im vorgeheizten Backofen auf der mittleren Schiene etwa 35 Minuten fertig garen.

2 Die Pilze putzen und mit Küchenpapier trocken abreiben, die Stiele abtrennen und in feine Würfel schneiden. Die Pilzhüte mit der Öffnung nach unten auf ein mit Backpapier ausgelegtes Backblech setzen, mit Salz und Pfeffer würzen und mit etwas Olivenöl bestreichen. Im vorgeheizten Backofen auf der zweiten Scheine von oben 5 bis 7 Minuten garen.

3 Die Schalotte schälen und in feine Würfel schneiden. Die Eier mit der Sahne verquirlen und mit Salz würzen. Die Butter in einer Pfanne zerlassen, die Schalotten- und Pilzwürfel darin andünsten. Die Eiermischung dazugeben, das Trüffelöl darüberträufeln und alles zu einem Rührei braten.

4 Die Kräuter waschen und trocken schütteln, die Blätter abzupfen und nicht zu fein schneiden. In einer Schüssel mit Honig, Zitronensaft, dem restlichen Olivenöl, Salz und Pfeffer vermischen.

5 Die Kartoffelscheiben mit dem Rührei und den Pilzhüten auf Teller verteilen. Den Kräutersalat auf das Rührei geben und den Parmesan in dünnen Spänen darüberhobeln.

Zitronen-Chili-Backhendl mit Endivien- und Feldsalat

Alfons Schuhbeck

Zutaten für 4 Personen:

Für den Salat und das Dressing:

je 175 g Endivien- und Feldsalatblätter
60 ml Gemüsebrühe
je 50 g Naturjoghurt und saure Sahne
2 EL weißer Portwein
1–2 EL Rotweinessig
1 TL Balsamico bianco
1 TL Sherry (medium dry)
1 TL scharfer Senf
Salz · Zucker
1 Msp. Cayennepfeffer
je 50 ml Pflanzenöl und mildes Olivenöl
1 TL Walnussöl

Für die Backhendl:

4 Hähnchenbrustfilets (à ca. 170 g; ohne Haut)
Chilisalz · 1 rote Chilischote
2 Eier · 2 TL Sahne
1 EL Dijon-Senf
1 Msp. abgeriebene unbehandelte Zitronenschale
Salz · Pfeffer aus der Mühle
frisch geriebene Muskatnuss
Vanillesalz
50 g doppelgriffiges Mehl
50 g Semmelbrösel
Pflanzenöl zum Ausbacken
1 EL kalte Butter
Zitronensaft

1 Für den Salat die Salatblätter waschen und trocken schleudern, den Endiviensalat in mundgerechte Stücke zupfen.

2 Für das Dressing die Brühe mit Joghurt, saurer Sahne, Portwein, beiden Essigsorten, Sherry, Senf, je 1 TL Salz und Zucker sowie dem Cayennepfeffer mit dem Stabmixer verrühren, dabei nach und nach alle Ölsorten hinzufügen.

3 Für die Backhendl die Hähnchenbrustfilets waschen und trocken tupfen, jeweils dritteln und mit Chilisalz würzen. Die Chilischote längs halbieren, entkernen, waschen und in feine Streifen schneiden. Die Eier in einem tiefen Teller mit der Sahne verquirlen. Den Senf, die Zitronenschale, Salz, Pfeffer, Muskatnuss, Chili- und Vanillesalz unterrühren. Die Chilistreifen dazugeben und ebenfalls unterrühren. Das Mehl und die Semmelbrösel auf je einen tiefen Teller verteilen. Die Hähnchenstücke nacheinander zuerst im Mehl wenden, dann durch die verquirlten Eier ziehen und zuletzt mit den Semmelbröseln panieren, dabei die Panade nicht zu fest andrücken.

4 So viel Öl in eine tiefe Pfanne gießen, dass der Boden gut 2 cm bedeckt ist. Das Öl bei mittlerer Hitze heiß werden lassen und die panierten Hähnchenstücke darin auf beiden Seiten goldbraun backen. Zum Schluss die Butter dazugeben und aufschäumen lassen. Die Hähnchenstücke aus der Pfanne nehmen und auf Küchenpapier abtropfen lassen. Mit Salz würzen und mit etwas Zitronensaft beträufeln.

5 Die Salatblätter mit dem Dressing marinieren und auf Teller verteilen, die gebackenen Hähnchenstücke darauf anrichten. Nach Belieben mit Zitronenspalten servieren.

Johannes B. Kerner

» Ich liebe dieses Rezept. Und jeder in meinem Bekanntenkreis, der es schon einmal nachgekocht hat, liebt es auch. «

Büffelmozzarella mit Mangoscheiben und Chili

Sarah Wiener

Zutaten für 4 Personen:
2 Kugeln Büffelmozzarella (à 200 g)
1 reife Flugmango
1 kleine rote Zwiebel
1/2 rote Chilischote
1 Orange
3 EL Bio-Arganöl
Meersalz · Pfeffer aus der Mühle
1 Bund Koriander (ersatzweise Kerbel)

1 Den Mozzarella abtropfen lassen und in dünne Scheiben schneiden. Die Mango schälen, das Fruchtfleisch zuerst vom Stein und dann ebenfalls in dünne Scheiben schneiden. Die Mozzarella- und Mangoscheiben abwechselnd dachziegelartig auf einen Teller oder eine Platte legen.

2 Die Zwiebel schälen und in möglichst feine Ringe schneiden. Die Zwiebelringe über die Mozzarella- und Mangoscheiben streuen.

3 Für die Marinade die Chilischote entkernen, waschen und in feine Würfel schneiden. Die Orange auspressen und den Saft mit dem Öl, den Chiliwürfeln, Salz und Pfeffer verrühren.

4 Den Koriander waschen und trocken schütteln, die Blätter abzupfen und fein hacken. Die Marinade über die Mozzarella- und Mangoscheiben träufeln, mit Koriander garniert servieren.

Johannes B. Kerner

» Schnelle Küche mit einem fantastischen Ergebnis. Wenn Ihr Obsthändler reife, faserfreie Mangos hat, muss es keine Flugmango sein. Und da Arganöl sehr teuer ist, kann man auch Haselnussöl verwenden. Ich lasse das Koriandergrün weg und nehme auch keinen Kerbel, sondern klein gehackte Basilikumblätter. «

Spargelpizza mit Frühlingszwiebeln und Schinken

Horst Lichter

Zutaten für 4 Personen:
1 Packung Pizzateig-Backmischung (ca. 320 g)
500 g grüner Spargel · Salz
400 g passierte Tomaten
(aus dem Tetrapak)
5 EL Olivenöl
1 EL Aceto balsamico
Mehl für die Arbeitsfläche
2 Tomaten · 5 Frühlingszwiebeln
60 g Parmesan
8 Scheiben roher Schinken
2 EL getrockneter Oregano
1/2 Bund Rucola

1 Den Pizzateig nach Packungsanweisung zubereiten. Den Spargel waschen und nur im unteren Drittel schälen, die holzigen Enden entfernen. Die Spargelstangen halbieren und in kochendem Salzwasser 5 Minuten blanchieren. In ein Sieb abgießen, kalt abschrecken und gut abtropfen lassen.

2 Den Backofen auf 250 °C vorheizen. Die passierten Tomaten mit 1 EL Olivenöl und dem Essig verrühren und mit Salz würzen. Den Pizzateig in 4 Portionen teilen und auf der bemehlten Arbeitsfläche zu dünnen Fladen ausrollen. Die Teigfladen auf ein mit Backpapier ausgelegtes Backblech legen und die Tomatensauce darauf verteilen.

3 Die Tomaten waschen und in Scheiben schneiden, dabei die Stielansätze entfernen. Die Frühlingszwiebeln putzen, waschen und in Ringe schneiden. Den Parmesan fein reiben, den Spargel mit dem restlichen Olivenöl bestreichen. Spargel, Tomaten, Frühlingszwiebeln und die halbierten Schinkenscheiben auf den Pizzen verteilen, mit Parmesan und Oregano bestreuen. Die Pizzen im vorgeheizten Backofen auf der zweiten Schiene von unten 12 Minuten backen.

4 Den Rucola putzen, waschen und trocken schütteln, grobe Stiele entfernen. Die Spargelpizzen aus dem Ofen nehmen, vor dem Servieren mit dem Rucola belegen und in Stücke schneiden.

Johannes B. Kerner

» Ein typisches Beispiel dafür, dass man Altbekanntes einmal variieren sollte. Die Kombination von grünem Spargel und Frühlingszwiebeln auf einer Pizza war für mich neu, ist aber unheimlich lecker. «

Garnelenpfännchen mit Knoblauch und Peperoni

Ralf Zacherl

Zutaten für 4 Personen:
12 Riesengarnelen (ohne Kopf)
3 Knoblauchzehen
2–4 rote Peperoni
(je nach Schärfe)
4 Stiele Petersilie
2 Zweige Thymian
5 EL Olivenöl
Salz · Pfeffer aus der Mühle
100 g Butter

1 Die Garnelen schälen, am Rücken entlang einschneiden und den schwarzen Darm entfernen. Die Garnelen waschen und trocken tupfen. Den Knoblauch schälen und in feine Scheiben schneiden. Die Peperoni längs halbieren, entkernen, waschen und in feine Streifen schneiden. Die Kräuter waschen und trocken schütteln, die Blätter abzupfen und fein hacken.

2 Das Olivenöl in einer Pfanne erhitzen. Die Garnelen mit Salz und Pfeffer würzen und im heißen Öl auf beiden Seiten scharf anbraten. Aus der Pfanne nehmen und beiseitestellen.

3 Die Butter in der Pfanne zerlassen. Die Hitze reduzieren, wenn die Butter zu schäumen beginnt. Knoblauch, Peperoni, Petersilie und Thymian zur Butter geben, leicht mit Salz würzen und unter Rühren braten.

4 Wenn der Knoblauch leicht Farbe angenommen hat, die Garnelen zurück in die Pfanne geben und kurz in der Butter schwenken. Die Garnelen sofort mit gerösteten Ciabatta- oder Baguettescheiben servieren.

Johannes B. Kerner

» Ich habe im Laufe der vielen Kochsendungen eines verinnerlicht: Man sollte nichts zu lange zu stark erhitzen, das gilt besonders bei Fisch und anderem Meeresgetier. Hier werden die Garnelen zwar scharf angebraten und später noch in Würzbutter geschwenkt, ansonsten gilt aber die Regel: Die Garnelen nur scharf anbraten, dann wenden und die Pfanne vom Herd nehmen. Die Resthitze reicht im Grunde aus, damit die Garnelen außen knusprig und innen schön glasig werden. «

Frankfurter Grüne Sauce
mit Räucheraal-Topinki

Kolja Kleeberg

Zutaten für 4 Personen:
je 1 Bund Borretsch, Kerbel, Kresse, Pimpinelle, Petersilie, Schnittlauch und Sauerampfer
4 hart gekochte Eier (getrennt in Eiweiß und Eigelb)
1 TL scharfer Senf
50 ml kalt gepresstes Sonnenblumenöl
Salz · Pfeffer aus der Mühle
Saft von 1 Zitrone
je 250 g Schmand und Naturjoghurt
1 junger Räucheraal
1 EL Kapern
4 Scheiben Roggen-Sauerteigbrot

1 Die Kräuter waschen und trocken schleudern, grobe Stiele entfernen. Die Kräuter hacken und mit den Eigelben, dem Senf und dem Öl im Küchenmixer oder mit dem Stabmixer pürieren. Mit Salz, Pfeffer und der Hälfte des Zitronensafts abschmecken. Dann den Schmand und den Joghurt untermixen. Die Grüne Sauce auf große Gläser oder Schälchen verteilen. Die Eiweiße grob hacken und darübergeben, mit grob gemahlenem Pfeffer bestreuen.

2 Den Räucheraal filetieren, häuten und schräg in 3 cm große Stücke schneiden. Die übrig gebliebenen Enden grob hacken und mit den Kapern, Salz und dem restlichen Zitronensaft zu einer groben Paste verrühren.

3 Die Brotscheiben im Toaster rösten, anschließend mit der Paste bestreichen und mit den Räucheraalstücken belegen. Die Frankfurter Grüne Sauce mit den Aalbroten servieren.

Johannes B. Kerner

» Dieses Rezept ist auch in seinen Einzelbausteinen interessant: Zu den Aalbroten passen beispielsweise Rühreier fantastisch. Und die Grüne Sauce ist ein hervorragender Begleiter zu kaltem Rindfleisch bzw. Roastbeef. Kolja sagt, mit zusätzlicher Flüssigkeit und ohne Eier ergibt sie außerdem ein erfrischendes Getränk für die ersten warmen Tage. «

Rindertatar
mit Senfcreme und Feldsalat

Johann Lafer

Zutaten für 4 Personen:
400 g mageres Rindfleisch
(aus der Oberschale)
Salz · Zucker
4 Stiele Petersilie
2 Schalotten
1 eingelegtes Sardellenfilet
60 g Cornichons
1/2 EL Kapern
2 Eigelb
2 1/2 EL mittelscharfer Senf
1 EL Tomatenketchup
1 Msp. Paprikapulver (edelsüß)
Pfeffer aus der Mühle
4 Scheiben Toastbrot
1 Knoblauchzehe
1 EL Butterschmalz
100 g Crème fraîche
1 EL Zitronensaft
Chili aus der Gewürzmühle
1/2 Bund Schnittlauch
150 g Feldsalat
4 EL Balsamico bianco
6 EL Walnussöl
2 EL gehackte Walnüsse

1 Für das Tatar das Fleisch von Fett und Sehnen befreien, in kleine Würfel schneiden, mit je 2 bis 3 Prisen Salz und Zucker mischen und etwa 10 Minuten ziehen lassen. Die Rindfleischwürfel dann durch die feine Scheibe des Fleischwolfs in eine Schüssel drehen.

2 Die Petersilie waschen und trocken schütteln, die Blätter abzupfen und fein hacken. Die Schalotten schälen und in feine Würfel schneiden. Das Sardellenfilet abbrausen und trocken tupfen. Mit den Cornichons und den Kapern fein hacken und mit den Eigelben unter das Fleisch mischen. Das Tatar mit 1 TL Senf, dem Ketchup, der Petersilie, Paprikapulver, Salz und Pfeffer abschmecken.

3 Für die Croûtons das Toastbrot entrinden und in kleine Würfel schneiden. Den Knoblauch schälen und halbieren. Das Butterschmalz in einer Pfanne erhitzen und die Brotwürfel darin mit dem Knoblauch rundum goldbraun rösten.

4 Für die Senfcreme die Crème fraîche, den restlichen Senf, Zitronensaft, Salz, Pfeffer und Chili verrühren.

5 Den Schnittlauch waschen, trocken schütteln und in feine Röllchen schneiden. Zum Anrichten das Tatar am besten mithilfe eines Metallrings jeweils als großen flachen Fladen auf Teller setzen. Mit der Senfcreme bestreichen, die Croûtons und den Schnittlauch darüberstreuen.

6 Den Feldsalat verlesen, waschen und trocken schleudern. Für das Dressing Essig, Öl, Salz und Pfeffer verrühren und den Salat damit marinieren. Den Feldsalat neben dem Rindertatar anrichten und mit den gehackten Walnüssen bestreuen.

Johannes B. Kerner

» Sowohl Kapern als auch Sardellen sind nicht jedermanns und jederfraus Sache. Ihr recht eindringlicher Geschmack verliert sich jedoch in der Gesamtkomposition. Und wenn Sie einen guten Metzger haben, können Sie natürlich auch frisch durchgedrehtes Tatar kaufen, das dann aber sofort verarbeitet werden muss. «

Lammspieße auf persische Art mit Minzjoghurt

Kolja Kleeberg

Zutaten für 4 Personen:

3 Zwiebeln
2 Knoblauchzehen
1/2 Bund Minze
1 kleine Salatgurke
400 g Naturjoghurt
einige Eiswürfel
Olivenöl zum Braten
1 kg Lammhackfleisch
1 Ei
Salz
weißer Pfeffer aus der Mühle
gemahlener Kreuzkümmel
Paprikapulver (edelsüß)
1 Döschen Safranfäden (0,1 g)
60 g Butter
Saft von 1/2 Zitrone

1 Für den Minzjoghurt die Zwiebeln und den Knoblauch schälen und in feine Würfel schneiden. Die Minze waschen und trocken schütteln, die Blätter abzupfen und fein hacken. Die Gurke schälen, längs halbieren und mit einem Teelöffel die Kerne entfernen.

2 Die Gurkenhälften in grobe Würfel schneiden und mit dem Joghurt, der Minze und einigen Eiswürfeln im Küchenmixer fein pürieren. In einer Pfanne 1 EL Olivenöl erhitzen. Ein Drittel der Zwiebelwürfel und den Knoblauch darin hellbraun braten und unter den Minzjoghurt rühren.

3 Für die Spieße das Hackfleisch in einer Schüssel mit den restlichen Zwiebelwürfeln, dem Ei, Salz, Pfeffer, Kreuzkümmel und Paprikapulver gründlich verkneten und zugedeckt kühl stellen.

4 Den Safran in 1 EL heißem Wasser auflösen und in einen kleinen Topf geben. Die Butter und den Zitronensaft hinzufügen und bei mittlerer Hitze erwärmen, bis die Butter geschmolzen ist.

5 Das Hackfleisch aus dem Kühlschrank nehmen und in etwa 12 Portionen teilen. Jede Portion mit angefeuchteten Händen zu einer dickeren Wurst fomen und der Länge nach je einen Holzspieß hineinstecken. Portionsweise etwas Olivenöl in einer Pfanne erhitzen und die Lammspieße darin bei mittlerer Hitze rundum goldbraun braten (im Sommer kann man die Spieße auch auf dem Gartengrill zubereiten). Damit alle Seiten gleichmäßig knusprig werden und das Hackfleisch innen saftig bleibt und nicht auseinanderfällt, die Spieße häufiger wenden. Kurz bevor das Fleisch gar ist, die Spieße mit der Safran-Zitronen-Butter bestreichen.

6 Die Lammspieße mit dem Minzjoghurt servieren und nach Belieben mit Minze garnieren. Dazu passt Fladenbrot oder Baguette.

Johannes B. Kerner

» Die Spieße schmecken sehr orientalisch. Wer es etwas milder mag, sollte Rinderhack statt Lammhack verwenden. Ein toller Trick von Kolja: Das Fleisch bleibt umso besser am Spieß kleben, je kräftiger Sie es zuvor geknetet haben, denn durch das Kneten wird das fleischeigene Eiweiß aufgeschlossen. Dafür würzt man das Hackfleisch zuerst mit Salz, mischt grob die restlichen Zutaten unter und lässt das Hack gut durchkühlen. Dann erst vermischt man alles in der Küchenmaschine – allerdings muss das Hackfleisch dabei unbedingt kühl bleiben. «

Sahniges Kartoffelpüree mit Pfifferlingen und Leberwurstschmelze

Johann Lafer

Johannes B. Kerner

» An Leberwurst scheiden sich bekanntlich die Geister. Auch wenn es das Rezept ziemlich verändert, können Sie die Leberwurst auch einmal durch eine dicke, relativ grobe Bratwurst ersetzen. Einfach in Scheiben schneiden und dann leicht panieren. «

Zutaten für 4 Personen:

4 große festkochende Kartoffeln
Salz · 300 g Sahne · 100 g Butter
Pfeffer aus der Mühle
frisch geriebene Muskatnuss
250 g Pfifferlinge
1 Knoblauchzehe · 3 Schalotten
30 g durchwachsener Speck
70 g Butterschmalz
30 g gesalzene Butter
1 EL gehackte Petersilie
150 g magere Leberwurst
(oder kleine Leberwürste)
2–3 EL Mehl

1 Für das Kartoffelpüree den Backofen auf 150 °C vorheizen. Die Kartoffeln waschen und mit Schale etwa 10 Minuten in Salzwasser kochen. Dann in Alufolie wickeln, auf ein Backblech setzen und im vorgeheizten Backofen auf der mittleren Schiene 50 Minuten garen. Die Kartoffeln aus der Folie wickeln, pellen und noch warm zweimal durch die Kartoffelpresse drücken.

2 In einem Topf 200 g Sahne und die Butter bei mittlerer Hitze einkochen lassen, mit Salz, Pfeffer und Muskatnuss kräftig abschmecken. Mit den durchgedrückten Kartoffeln verrühren und mit dem Schneebesen glatt schlagen. Die restliche Sahne steif schlagen und unter das Püree heben.

3 Die Pfifferlinge putzen und mit Küchenpapier trocken abreiben oder mit einem Küchenpinsel säubern. Den Knoblauch und 1 Schalotte schälen und in feine Würfel schneiden. Den Speck ebenfalls in Würfel schneiden. In einer großen Pfanne 20 g Butterschmalz erhitzen und die Pfifferlinge darin anbraten. Knoblauch, Schalotte und Speck hinzufügen und mitbraten. Mit Salz und Pfeffer würzen, zuletzt die gesalzene Butter und die Petersilie unterheben.

4 Für die Leberwurstschmelze die Leberwurst in kleine Würfel schneiden und im Mehl wenden. Die restlichen Schalotten schälen, in Streifen schneiden und ebenfalls im Mehl wenden. Das übrige Butterschmalz erhitzen, zuerst die Leberwurst, dann die Schalotten darin goldbraun braten.

5 Das Kartoffelpüree auf Teller verteilen, die Leberwurstschmelze, die Schalotten und die Pfifferlinge daneben anrichten. Nach Belieben mit Petersilie garniert servieren.

Drachenfüßler aus Bratwürsten und Kartoffelpüree

Alexander Herrmann

Zutaten für 2 Personen:
3 festkochende Kartoffeln
Salz · 100 ml heiße Milch
4 EL gekochtes Sauerkraut
6 Bratwürste
1/2 EL Butterschmalz
Schnittlauchhalme zum Garnieren
1 EL Senf · 1 Apfel

1 Die Kartoffeln schälen, waschen und in Salzwasser etwa 20 Minuten garen. Abgießen, kurz abdampfen lassen und noch warm durch die Kartoffelpresse in eine Schüssel drücken. Mit der heißen Milch und etwas Salz mit dem Schneebesen zu einem cremigen Püree verrühren.

2 Das Sauerkraut erwärmen, nach Belieben etwas Apfelsaft dazugeben. Die Enden der Bratwürste jeweils mit einem spitzen Messer kreuzweise einschneiden, sodass sie sich beim Braten leicht aufrollen und wie Krallen aussehen. Das Butterschmalz in einer Pfanne erhitzen und die Bratwürste darin 4 bis 5 Minuten langsam braun braten.

3 Die Würste auf einer länglichen Platte parallel hintereinander anordnen. Von einer Bratwurst aus der Mitte 2 dünne Scheiben schneiden und beiseitelegen. Das Kraut zwischen den Bratwürsten verteilen. Für den Körper des Drachenfüßlers das Kartoffelpüree in einen Spritzbeutel füllen und längs auf die Bratwürste verteilen. Für den Kopf etwas mehr Püree auftragen. Die beiseitegelegten Wurstscheiben als Augen und 2 Schnittlauchhalme als Fühler in das Püree stecken und mit Senf einen Mund dekorieren. Den Apfel waschen, vierteln und das Kerngehäuse entfernen. Die Apfelviertel in dünne Spalten schneiden und zuletzt als Rückenflossen des Drachen in das Kartoffelpüree stecken.

Johannes B. Kerner

» Wenn Sie Kinder haben, die schwierige Esser sind, ist dieses Gericht der Hit. Verwenden Sie unbedingt recht dünne Würstchen. Und wenn Sie keinen Spritzbeutel besitzen, nehmen Sie einfach zwei Esslöffel, um das Kartoffelpüree in Form zu bringen. «

Kleine Gerichte
& Snacks

Leichte Mahlzeiten, aufwendigere Vorspeisen, abgespeckte Hauptgerichte, Zwischengänge. Ob ein Salat mit Fisch, eine Gurkenrahmsuppe oder gepökeltes Bisonfilet: Egal, wonach Ihnen gerade ist bzw. wie viel Zeit Sie für die Zubereitung haben, hier finden Sie je nach Geschmack und Aufwand Kleinigkeiten von großen Köchinnen und Köchen.

Brunnenkressesüppchen mit knusprigen Schinkenröllchen

Ralf Zacherl

Zutaten für 4 Personen:

Für die Suppe:

1 Kartoffel · 1 Zwiebel
1 Knoblauchzehe
1 EL Butter · Salz
100 ml trockener Riesling
2 cl Noilly Prat (franz. Wermut)
2 Zweige Thymian
2 Lorbeerblätter
1 l Geflügelfond
2 Bund Brunnenkresse
150 g Sahne
weißer Pfeffer aus der Mühle
Zucker
frisch geriebene Muskatnuss

Für die Schinkenröllchen:

1 Scheibe Roggenmischbrot
1–2 EL Pflanzenöl
8 Scheiben Schwarzwälder Schinken
2–3 TL frisch geriebener Meerrettich

1 Für die Suppe die Kartoffel schälen, waschen und in dünne Scheiben schneiden. Die Zwiebel und den Knoblauch schälen und in feine Würfel schneiden. Die Butter in einem Topf zerlassen und die vorbereiteten Zutaten darin andünsten. Mit Salz würzen, mit Riesling und Noilly Prat ablöschen.

2 Den Thymian waschen, trocken schütteln und mit den Lorbeerblättern hinzufügen. Sobald die Flüssigkeit eingekocht ist, den Geflügelfond angießen und die Suppe bei mittlerer Hitze um ein Drittel einkochen lassen. Die Brunnenkresse putzen, waschen und trocken schütteln, grobe Stiele entfernen.

3 Für die Schinkenröllchen das Brot längs in breite Streifen schneiden. Das Öl in einer Pfanne erhitzen und die Brotstreifen darin rundum knusprig braten. Herausnehmen und auf Küchenpapier abtropfen lassen. Die Schinkenscheiben nebeneinander auslegen, mit dem Meerrettich bestreuen und die Brotstreifen darin einrollen.

4 Wenn der Fond reduziert ist, die Sahne hinzufügen und die Suppe mit Salz, Pfeffer, Zucker und Muskatnuss abschmecken. Einmal aufkochen, dann die Thymianzweige und die Lorbeerblätter entfernen. Die heiße Suppe mit der Brunnenkresse in den Küchenmixer geben und schaumig pürieren.

5 Das Brunnenkressesüppchen auf tiefe Teller oder Schälchen verteilen und mit den knusprigen Schinkenröllchen servieren.

Johannes B. Kerner

» Als Alternative kann man die Brunnenkresse zum Beispiel durch Spinat, Petersilie, Kerbel, Mangold, Kopfsalat oder Rucola ersetzen. Wenn jedoch gerade Brunnenkresse Saison hat, sollte man es unbedingt mit diesem Kraut versuchen, denn dann schmeckt die Suppe so wie in der Sendung – und da kann ich nur sagen, dann schmeckt sie einfach hervorragend. «

Gurkenrahmsuppe
mit knusprigen Speckscheiben

Horst Lichter

Zutaten für 4 Personen:
20 dünne Scheiben durchwachsener Speck
3 Salatgurken
1 Zwiebel
1 Bund Dill
50 g Butter
3 EL süßer Senf
1 EL Tomatenmark
5 Becher Sahne (à 200 g)
Salz · Pfeffer aus der Mühle
3 Eigelb

1 Den Backofen auf 220 °C vorheizen. Die Speckscheiben auf einem mit Backpapier ausgelegten Backblech verteilen und im vorgeheizten Backofen auf der mittleren Schiene etwa 8 Minuten knusprig backen.

2 Für die Suppe die Gurken schälen und längs halbieren, mit einem Teelöffel die Kerne entfernen. Die Gurkenhälften in Streifen schneiden. Die Zwiebel schälen und in feine Würfel schneiden. Den Dill waschen und trocken schütteln, die Spitzen abzupfen und fein hacken. Etwas Dill zum Garnieren beiseitelegen.

3 Die Butter in einem Topf zerlassen und die Zwiebelwürfel darin andünsten. Die Gurkenstreifen dazugeben und mitdünsten. Den Senf und das Tomatenmark unterrühren, 4 Becher Sahne dazugießen und die Suppe mit Salz, Pfeffer und Dill würzen. Kurz aufkochen und vom Herd nehmen. Die Eigelbe mit der restlichen Sahne verrühren und kurz vor dem Servieren unter die Gurkensuppe rühren.

4 Die Suppe auf tiefe Teller oder Schälchen verteilen, mit dem Dill garnieren und die knusprigen Speckscheiben dazu anrichten.

Johannes B. Kerner

» Eine Suppe, die ihrem Namen alle Ehre macht: Hier bin ich Rahm, hier darf ich rein… Diese Suppe ist für mich DER Horst-Lichter-Klassiker schlechthin. Sie schmeckt hervorragend. «

Kalte Tomatensuppe
mit Ziegenfrischkäse und Minze

Lea Linster

Zutaten für 4 Personen:
1 kg reife Tomaten
1 TL Zucker
1 TL Salz
6–8 EL milder Essig
Cayennepfeffer
150 g milder Ziegenfrischkäse
2 EL Minzeblätter
Pfeffer aus der Mühle
Olivenöl zum Beträufeln

1 Die Tomaten waschen und in grobe Stücke schneiden, dabei die Stielansätze entfernen. Die Tomatenstücke im Küchenmixer nicht zu fein pürieren und dann kräftig durch ein feines Sieb passieren, sodass möglichst viel Fruchtfleisch durchgedrückt wird und nur die Tomatenhäute im Sieb zurückbleiben. Das Tomatenpüree mit Zucker, Salz, Essig und Cayennepfeffer würzen und 1 bis 2 Stunden im Kühlschrank durchziehen lassen.

2 Die Tomatensuppe vor dem Servieren noch einmal durchmixen und auf gekühlte Tassen oder Schälchen verteilen. Den Ziegenfrischkäse grob zerbröckeln und die Minzeblätter in feine Streifen schneiden. Beides über die Tomatensuppe streuen. Etwas Pfeffer grob darübermahlen und die Tomatensuppe zuletzt mit etwas Olivenöl beträufeln.

Johannes B. Kerner

» Dieses Rezept der wundervollen Lea Linster, die zu den besten Köchinnen Europas zählt, beweist, dass Sterneküche nicht immer kompliziert sein muss. Einfach ein Geschmackserlebnis! «

Spaghetti alla carbonara

Kolja Kleeberg

Zutaten für 4 Personen:
500 g Spaghetti
Salz
100 g Pancetta
(ital. roher Bauchspeck;
in Scheiben geschnitten)
1 EL Öl
1/2 Bund Petersilie
4 Eier
100 ml Milch
Pfeffer aus der Mühle
frisch geriebene Muskatnuss
je 40 g Parmesan und Pecorino

1 Die Spaghetti in reichlich kochendem Salzwasser etwas kürzer, als auf der Packungsanweisung angegeben, sehr bissfest garen.

2 Inzwischen den Speck in Streifen schneiden. Das Öl in einer beschichteten Pfanne erhitzen und den Speck darin knusprig braten. Die Speckstreifen aus der Pfanne nehmen, das Bratfett durch ein feines Sieb in eine Schüssel gießen und beiseitestellen.

3 Die Petersilie waschen und trocken schütteln, die Blätter abzupfen und fein hacken. Die Eier in einer großen Schüssel verquirlen und die Milch unterrühren. Mit Salz, Pfeffer und Muskatnuss abschmecken, nach Belieben einen Teil des aufgefangenen Pancetta-Fetts dazugeben.

4 Die beiden Käsesorten fein reiben und mischen. Die Hälfte des geriebenen Käses unter die Eiermilch rühren. Die Spaghetti in ein Sieb abgießen, gut abtropfen lassen und sofort mit der Käse-Eier-Milch vermischen. Die Petersilie und den gebratenen Speck unterheben.

5 Die Spaghetti auf Pasta-Teller verteilen, mit reichlich grob gemahlenem Pfeffer und dem restlichen Käse bestreuen.

Johannes B. Kerner

» Ich bitte Sie und Kolja beim nächsten Mal: Lassen Sie die Muskatnuss weg, viele mögen ihren intensiven Geschmack einfach nicht.
Es lohnt sich, in einem gut sortierten Supermarkt oder beim Fleischer nach Pancetta zu fragen – dieser hat nämlich ein wesentlich milderes Aroma als geräucherter Speck. Falls Sie nur geräucherten Speck bekommen, weiß Kolja natürlich Rat: Den Speck einfach in Würfel schneiden und kurz in kochendem Wasser blanchieren – dann schmeckt er weniger salzig. Übrigens: Statt Milch kann man auch Sahne nehmen, sagt nicht nur Horst. Und egal, was Ihnen andere erzählen, kochen Sie diese Pasta niemals mit Zwiebeln. «

Cremiger Risotto mit Kürbis und Sekt

Lea Linster

Zutaten für 4 Personen:
300 g Risotto-Reis
(z. B. Carnaroli, Vialone oder Arborio)
1 Schalotte
60 g Butter
4 EL Olivenöl
Meersalz
100 ml Sekt
1 l heißer Geflügelfond
1 Kürbis
(z. B. Hokkaido; ca. 750 g)
Salz · Pfeffer aus der Mühle
2 TL geriebener Parmesan
1 EL Sahne

1 Den Reis in ein Sieb geben, unter fließendem kaltem Wasser waschen und gut abtropfen lassen. Die Schalotte schälen und in feine Würfel schneiden.

2 In einem Topf jeweils 2 EL Butter und Olivenöl erhitzen, die Schalotte darin bei mittlerer Hitze andünsten. Den Reis dazugeben, mit etwas Salz würzen und unter ständigem Rühren etwa 2 Minuten glasig dünsten. Den Sekt angießen und vollständig einkochen lassen. Dann nach und nach den heißen Geflügelfond hinzufügen – dabei immer wieder umrühren – und den Reis bei schwacher Hitze etwa 18 Minuten köcheln lassen.

3 Inzwischen den Kürbis schälen, mit einem Esslöffel die Kerne entfernen und das Fruchtfleisch in kleine Würfel schneiden. In einem Topf 2 EL Butter zerlassen und die Kürbiswürfel darin andünsten. Mit Salz und Pfeffer kräftig würzen und nach etwa 12 Minuten zum Risotto geben.

4 Sobald der Reis fertig ist (er sollte noch etwas Biss haben), den Topf vom Herd nehmen. Die restliche Butter in kleinen Stückchen unter den Risotto rühren, den Parmesan und zuletzt die Sahne unterheben. Den Kürbisrisotto mit Salz abschmecken und auf vorgewärmte tiefe Teller verteilen.

Johannes B. Kerner

» Die Zeit im Jahr, in der Unmengen von Gerichten mit Kürbis auf den Speisekarten Einzug halten, ist mir eigentlich suspekt. Will sagen: Ich muss nicht immer wieder noch eine neue Kürbisvariante auf den Teller bekommen. Meiner Meinung nach wird der Kürbis überschätzt. Dieses Gericht bildet die rühmliche Ausnahme. Wenn Sie den Risotto so hinbekommen wie Lea, Hut ab! Dann haben Sie endlich eine sinnvolle Verwendung für die ganzen übrig gebliebenen Halloween-Köpfe. «

Gemüse-Mozzarella-»Lasagne« mit Gazpacho-Schaum

Cornelia Poletto

Zutaten für 4 Personen:
2 Salatgurken
8 Strauchtomaten
je 4 rote und gelbe Paprikaschoten
1 Knoblauchzehe
1 EL Mayonnaise
Olivenöl
milder Rotweinessig
Fleur de Sel
Pfeffer aus der Mühle
200 g Büffelmozzarella
100 g Rucola
12 Basilikumblätter

1 Die Gurken schälen und längs halbieren. Für die Lasagne eine Gurke entkernen und die Hälften in Würfel schneiden. Die zweite Gurke für die Gazpacho grob in Stücke schneiden. Die Tomaten waschen. 4 Tomaten kreuzweise einritzen, überbrühen, häuten, vierteln, entkernen und in Würfel schneiden. Für die Gazpacho die restlichen Tomaten vierteln, dabei die Stielansätze entfernen. Alle Paprikaschoten längs vierteln, entkernen und waschen. Jeweils 4 gelbe und rote Paprikaviertel mit dem Sparschäler schälen. Die restlichen Paprikaviertel für die Gazpacho in grobe Würfel schneiden.

2 Den Knoblauch schälen und mit dem Gemüse, das für die Gazpacho grob zerkleinert wurde, in den Entsafter geben. Den Gemüsesaft mit der Mayonnaise, etwas Olivenöl, 1 Schuss Essig, Fleur de Sel und Pfeffer abschmecken. Die Gazpacho im Tiefkühlfach kalt werden lassen.

3 Den Mozzarella auf einem Sieb abtropfen lassen und in Scheiben schneiden. Den Rucola putzen, waschen und trocken schütteln, grobe Stiele entfernen. Die Basilikumblätter waschen, trocken tupfen und in feine Streifen schneiden. Die restlichen Gurken- und Tomatenwürfel in einer Schüssel mischen und mit etwas Gazpacho aus dem Tiefkühlfach, je 1 Schuss Olivenöl und Essig, Fleur de Sel und Pfeffer abschmecken.

4 Zum Anrichten die Gemüsestücke und -würfel abwechselnd mit den Mozzarellascheiben auf Teller schichten. Die eiskalte Gazpacho mit dem Stabmixer schaumig aufschlagen und über die »Lasagne« geben. Mit den Rucolablättern und den Basilikumstreifen garnieren.

Johannes B. Kerner

» Ich freue mich immer, wenn ich auf den Restaurantkarten unserer Köche Gerichte wiederfinde, die sie in unserer Sendung gekocht haben. Das beweist irgendwie, dass sie die Geheimnisse ihrer Sterneküche gern mit den Zuschauern und den Lesern dieses Buches teilen.
Wenn Sie Glück haben, einen Tisch bei Cornelia Poletto zu ergattern, und dann auch noch der Tag ist, an dem diese ›Lasagne‹ auf der Karte steht, wird das ein guter Tag für Sie sein. «

Schwammerlgulasch mit Pappardelle

Alfons Schuhbeck

Zutaten für 4 Personen:

Für die Pappardelle:
400 g Pappardelle
1 Lorbeerblatt
3 Scheiben Ingwer
1 getrocknete Chilischote
Salz · 3–4 EL Olivenöl
1/4 l Gemüsebrühe

Für das Gulaschgewürz:
2 Knoblauchzehen
1 Streifen unbehandelte Zitronenschale
1 TL Kümmelsamen
1 TL getrockneter Majoran
1/2 TL Salz

Für die Pilzsauce:
1 Zwiebel
1 TL Puderzucker
1 TL Tomatenmark
1 EL Paprikapulver (edelsüß)
1/2 l Gemüsebrühe
2 EL getrocknete Champignons
100 g Sahne
Salz · Pfeffer aus der Mühle
1 EL Butter

Für die gebratenen Pilze:
je 200 g Steinpilze, Pfifferlinge und Champignons
1 Knoblauchzehe
1 EL Olivenöl
Salz · Pfeffer aus der Mühle
1 EL gehackte Petersilie
1 Streifen unbehandelte Zitronenschale
gemahlener Kümmel
Cayennepfeffer
2 EL Butter

1 Für die Pappardelle die Nudeln mit Lorbeerblatt, Ingwer und Chilischote in reichlich kochendem Salzwasser 5 Minuten kürzer, als auf der Packungsanweisung angegeben, garen. Abgießen und gut abtropfen lassen. Die Nudeln auf einem Backblech verteilen, mit Olivenöl mischen und abkühlen lassen.

2 Für das Gulaschgewürz den Knoblauch schälen und in feine Würfel schneiden. Die Zitronenschale fein hacken. Den Kümmel in einer kleinen beschichteten Pfanne ohne Fett anrösten. Die vorbereiteten Gewürze mit Majoran und Salz im Mörser oder mithilfe eines Messerrückens zu einer nicht zu groben Paste zerdrücken.

3 Für die Pilzsauce die Zwiebel schälen und in etwa 1 1/2 cm große Würfel schneiden. Den Puderzucker in einem Topf hell karamellisieren lassen und die Zwiebelwürfel darin andünsten. Das Tomatenmark hineinrühren und kurz mitdünsten, dann das Paprikapulver darüberstäuben und die Brühe dazugießen. Zuletzt die getrockneten Pilze hinzufügen. Die Sauce mit der Gewürzpaste würzen, 5 bis 10 Minuten bei schwacher Hitze köcheln lassen und dann durch ein Sieb in einen Topf gießen. Die Sahne unterrühren und die Sauce mit Salz und Pfeffer abschmecken. Zuletzt die Butter unterrühren und die Sauce nach Belieben mit etwas kalt angerührter Speisestärke binden.

4 Für die gebratenen Pilze die Pilze putzen, mit Küchenpapier trocken abreiben und klein schneiden. Den Knoblauch schälen und halbieren. Das Olivenöl in einer großen Pfanne erhitzen und die Pilze darin bei mittlerer Hitze 1 bis 2 Minuten braten. Mit Salz und Pfeffer würzen und die Petersilie unterrühren. Die Zitronenschale und den Knoblauch einlegen und die Pilze mit je 1 Prise Kümmel und Cayennepfeffer abschmecken. Die Butter hinzufügen und schmelzen lassen. Die Pilze in die Sauce geben.

5 Für die Pappardelle kurz vor dem Servieren die Brühe in einer tiefen Pfanne erhitzen. Die vorgekochten Nudeln darin schwenken, bis sie die Flüssigkeit vollständig aufgesogen haben. Die Pappardelle mit dem Schwammerlgulasch servieren.

Johannes B. Kerner

» Dieses Rezept enthält zwei bemerkenswerte Tipps zum Thema Nudelküche: Nudeln, die man besonders würzig haben möchte, sollte man 1.) in Wasser kochen, das bereits würzende Zutaten enthält, hier Ingwer, Chili und Lorbeer. Und 2.) sollte man die Nudeln deutlich kürzer zubereiten, als auf der Packung angegeben, um sie dann in Gemüsebrühe fertig zu garen. Probieren Sie das unbedingt einmal aus. «

Gratinierte Taleggio-Kartoffeln
auf gemischten Waldpilzen

Cornelia Poletto

Zutaten für 4 Personen:
10 kleine festkochende Kartoffeln (z. B. Grenaille)
Meersalz
1 TL Kümmelsamen
200 g Taleggio (ital. Weichkäse)
Pfeffer aus der Mühle
4 EL Pekannüsse
50 g Parmesan
200 g gemischte Waldpilze (z. B. Maronen, Pfifferlinge, Steinpilze, Birkenpilze)
4 EL Olivenöl · Fleur de Sel
1 EL gehackte, gemischte Kräuter (z. B. Rosmarin, Thymian, Petersilie)
120 g gemischte Salatblätter (z. B. Rucola, Feldsalat, Löwenzahn, Friséesalat)
4 EL Blaubeeren
1 EL Trockenbeeren-auslese-Essig
1 EL Pekannussöl

1 Die Kartoffeln waschen und mit Schale in Salzwasser mit dem Kümmel 20 bis 25 Minuten garen. In ein Sieb abgießen und abdampfen lassen. Die Kartoffeln pellen, längs halbieren und mit einem Teelöffel oder Kugelausstecher leicht aushöhlen.

2 Den Taleggio entrinden und in Würfel schneiden. Mit dem Kartoffelfruchtfleisch mischen, mit Pfeffer würzen und die Masse in die ausgehöhlten Kartoffelhälften verteilen. Die Pekannüsse hacken, den Parmesan fein reiben. Beides vermischen und über die gefüllten Kartoffelhälften streuen. Den Backofengrill einschalten. Die gefüllten Kartoffeln nebeneinander in eine ofenfeste Form setzen und unter dem Backofengrill etwa 3 Minuten gratinieren.

3 Die Pilze putzen, mit Küchenpapier trocken abreiben und in Scheiben schneiden. In einer Pfanne 2 EL Olivenöl erhitzen und die Pilze darin goldbraun braten. Mit Fleur de Sel, Pfeffer und den Kräutern abschmecken und auf Küchenpapier abtropfen lassen.

4 Die Salatblätter waschen und trocken schleudern, die Blaubeeren waschen und vorsichtig trocken tupfen. Die Salatblätter in eine Schüssel geben und mit dem Essig, dem restlichen Olivenöl und dem Pekannussöl marinieren, mit Fleur de Sel und Pfeffer würzen. Die Blaubeeren unterheben.

5 Zum Anrichten die gebratenen Waldpilze auf Teller verteilen, die gratinierten Taleggio-Kartoffeln daraufsetzen und mit dem Salat garnieren.

Johannes B. Kerner

» Das alte Thema: Ich mag Pilze, ich mag Taleggio, ich mag Kartoffeln. Das ist die halbe Miete. Ich mag Pekannüsse, Parmesan und Cornelia Poletto. Das ist der Rest der Miete. «

Gebratene Steinpilze mit Pfirsich und geröstetem Speck

Alexander Herrmann

Zutaten für 4 Personen:
400 g Steinpilze
2 Schalotten
2 weiße Pfirsiche (nicht zu reif)
4 EL Olivenöl
1 Knoblauchzehe
2 TL Kürbiskerne
2 TL Butter
Meersalz
Pfeffer aus der Mühle
2 TL Aceto balsamico
12 Scheiben Frühstücksspeck
300 ml Milch
8 Zweige Thymian

1 Die Steinpilze putzen, mit Küchenpapier trocken abreiben und in Scheiben schneiden. Die Schalotten schälen und in feine Würfel schneiden. Die Pfirsiche kreuzweise einritzen, überbrühen, häuten, halbieren und den Stein entfernen, das Fruchtfleisch in Spalten schneiden.

2 Den Backofen auf 200 °C vorheizen. Das Olivenöl in einer großen Pfanne erhitzen, die Pilze und die Schalotten darin mit der angedrückten Knoblauchzehe anbraten. Die Kürbiskerne und die Pfirsichspalten hinzufügen und mitbraten. Die Butter dazugeben und schmelzen lassen. Die gebratenen Pilze mit Salz, Pfeffer und Essig abschmecken.

3 Die Speckscheiben auf einem mit Backpapier ausgelegten Backblech verteilen und im vorgeheizten Backofen auf der mittleren Schiene etwa 10 Minuten knusprig braten.

4 Die Milch aufkochen und die Hitze reduzieren. Den Thymian waschen, trocken schütteln und etwa 5 Minuten in der heißen Milch ziehen lassen. Den Thymian wieder entfernen, die Milch mit 1 Prise Salz würzen und mit dem Stabmixer schaumig aufschlagen.

5 Das Steinpilz-Pfirsich-Gemüse auf tiefe Teller oder Schälchen verteilen, den Thymianschaum darübergeben und mit den Speckscheiben garnieren.

Johannes B. Kerner

» Ich finde Pilze einfach fantastisch, besonders solche, die man noch nicht züchten kann, sondern in unseren Breitengraden im Wald findet. Steinpilze haben einen herrlich intensiven Geschmack, vor allem frisch gesammelt schmecken sie einfach überragend. Dieses Gericht enthält dazu einige meiner Lieblingszutaten: Pfirsich, Speck, Thymian und eben Steinpilze – eine Traumkombination. «

Gebratene Feigen mit Rucola und Pecorino

Alexander Herrmann

Zutaten für 4 Personen:
10 violette Feigen
12 EL Olivenöl
6 Scheiben Toastbrot
2 Knoblauchzehen
1 Streifen unbehandelte Orangenschale
2 EL Butter
4 Bund Rucola
4 EL Aceto balsamico
Meersalz
Pfeffer aus der Mühle
120 g Pecorino

1 Die Feigen waschen und halbieren. In einer großen beschichteten Pfanne 2 EL Olivenöl erhitzen. Die Feigen mit der Schnittfläche nach unten in die Pfanne legen und bei mittlerer Hitze etwa 2 Minuten braten.

2 In der Zwischenzeit das Toastbrot entrinden und in Würfel schneiden. Die Feigen wenden, die Brotwürfel sowie die angedrückten Knoblauchzehen und die Orangenschale mit in die Pfanne geben. Die Butter und 2 weitere EL Olivenöl hinzufügen und die Croûtons rundum goldbraun braten.

3 Den Rucola putzen, waschen und trocken schütteln, grobe Stiele entfernen. Die Rucolablätter in eine große Schüssel geben, 8 EL Olivenöl, den Essig und 1 gute Prise Salz hinzufügen und alles gut vermischen.

4 Den Rucolasalat auf Tellern oder auf einer Platte anrichten, die gebratenen Feigen und die Croûtons darauf verteilen. Mit Pfeffer bestreuen und den Pecorino in groben Spänen darüberraspeln.

Johannes B. Kerner

» Dass man Feigen auch anders als roh essen kann, habe ich erst von den Spitzenköchen in der Sendung erfahren. Zum Beispiel wäre ich früher nie auf die Idee gekommen, Feigen zu braten und dann auch noch auf einem Salat anzurichten. Alexander kombiniert das dann noch mit Pecorino – ein wirklich ganz tolles Geschmackserlebnis! «

Lauwarmer Kartoffelsalat mit Räucheraal und Meerrettichraspeln

Cornelia Poletto

Zutaten für 4 Personen:
400 g kleine festkochende Kartoffeln
Salz · Kümmelsamen
1 Salatgurke
100 g Feldsalat
1 Bund Schnittlauch
1 Schalotte
50 ml Geflügelbrühe
50 ml Traubenkernöl
3 EL Sherry-Essig
1 TL Dijon-Senf
Pfeffer aus der Mühle
200 g Räucheraalfilet
frisch geraspelter Meerrettich

1 Für den Kartoffelsalat die Kartoffeln waschen und mit Schale in Salzwasser mit etwas Kümmel 20 bis 25 Minuten garen. In ein Sieb abgießen, abdampfen lassen und pellen. Die Gurke gründlich waschen oder nach Belieben schälen, längs halbieren und mit einem Teelöffel die Kerne entfernen. Die Gurkenhälften in Scheiben schneiden.

2 Den Feldsalat verlesen, waschen und trocken schleudern. Den Schnittlauch waschen, trocken schütteln und in feine Röllchen schneiden.

3 Für das Dressing von den Pellkartoffeln 100 g abnehmen und noch warm durch die Kartoffelpresse drücken. Die Schalotte schälen und in feine Würfel schneiden. Beides mit Brühe, Öl, Essig und Senf zu einem Dressing verrühren und mit Salz und Pfeffer abschmecken.

4 Die restlichen Kartoffeln in Scheiben schneiden und mit den Gurkenscheiben in eine Schüssel geben. Das Dressing in einem kleinen Topf erwärmen und unter den Kartoffel-Gurken-Salat mischen.

5 Den Aal in Stücke schneiden. Kurz vor dem Servieren den Feldsalat und die Schnittlauchröllchen unter den Kartoffelsalat mischen und mit den Aalstücken und dem geraspelten Meerrettich garniert servieren.

Johannes B. Kerner

» Lassen Sie sich von Frauen, die ein italienisches Restaurant und einen italienischen Ehemann haben, nicht erzählen, wie man Kartoffelsalat macht. Es sei denn, der Ehemann heißt mit Vornamen Remigio und der Kartoffelsalat ist der hier im Rezept abgedruckte, denn der ist wirklich unglaublich lecker. Allein das Dressing ist ein Genuss. Den Salat mache ich ganz häufig für Feiern; dann ist das Dressing zwar nicht mehr lauwarm, aber immer noch ein Hit. «

Gebratene Rotbarbe auf Spargel-Tomaten-Gemüse

Mario Kotaska

Zutaten für 4 Personen:
2 Rotbarben (à 300–400 g)
1 Schalotte
8 Kirschtomaten
je 2 Zweige Thymian und Rosmarin
5 Knoblauchzehen
2 Bund grüner Spargel
Salz · Pfeffer aus der Mühle
Zucker
6 EL Olivenöl
50 g Pinienkerne
etwas abgeriebene unbehandelte Zitronenschale
2 EL alter Aceto balsamico
2 EL Weißwein
1/2 Bund Basilikum
70 g Taleggio (ital. Weichkäse)
Chili aus der Gewürzmühle
Mehl zum Bestäuben
4 EL Butter

1 Die Rotbarben schuppen, filetieren und von allen Gräten befreien. Die Fischfilets waschen, trocken tupfen und bis zur Weiterverwendung kühl stellen.

2 Den Backofen auf 200 °C vorheizen. Die Schalotte schälen und in feine Würfel schneiden. Die Tomaten waschen und halbieren oder vierteln. Die Kräuterzweige waschen und trocken schütteln. 3 Knoblauchzehen schälen und halbieren. Den Spargel waschen, nur im unteren Drittel schälen und die holzigen Enden entfernen. Die Spargelstangen halbieren, mit Salz, Pfeffer und 1 Prise Zucker bestreuen.

3 In einer Pfanne 4 EL Olivenöl erhitzen, den Spargel und die Pinienkerne darin anbraten. Schalotten, Tomaten, je 1 Thymian- und Rosmarinzweig, den Knoblauch und die Zitronenschale dazugeben und kurz mitbraten. Mit Essig und Weißwein ablöschen. Die Kräuter und den Knoblauch entfernen und das Spargel-Tomaten-Gemüse mit dem Sud in einem ofenfesten Topf oder einer ofenfesten Form dekorativ anrichten.

4 Das Basilikum waschen und trocken schütteln, die Blätter abzupfen und in feine Streifen schneiden. Den Taleggio in hauchdünne Scheiben schneiden. Das Basilikum über das Gemüse streuen und die Käsescheiben darüberlegen. Das Spargel-Tomaten-Gemüse im vorgeheizten Backofen auf der mittleren Schiene kurz überbacken, bis der Käse geschmolzen ist.

5 Inzwischen die Rotbarbenfilets auf der Hautseite einritzen, mit Salz, Pfeffer und Chili würzen und leicht mit Mehl bestäuben. Den restlichen Knoblauch schälen. In einer großen Pfanne 2 EL Olivenöl erhitzen. Den Knoblauch, je 1 Thymian- und Rosmarinzweig und die Butter hinzufügen. Die Fischfilets auf der Hautseite bei mittlerer Hitze braten, bis die Haut kross, das Fleisch aber noch glasig ist. Das überbackene Spargel-Tomaten-Gemüse auf Teller verteilen und die Rotbarbenfilets darauf anrichten.

Johannes B. Kerner

» Nach der Sendung, in der Mario dieses Gericht zubereitet hat, habe ich mir die übrig gebliebenen Zutaten geschnappt und das Ganze zu Hause sofort nachgekocht. In der Sendung hatte ich nur einen kleinen Happen abbekommen, und alle hatten es so lecker gefunden. Und was soll ich sagen? Sie hatten recht! Taleggio ist nicht so einfach zu bekommen. Das Rezept funktioniert aber auch mit Raclette-Käse, der ebenfalls schön intensiv im Geschmack ist. «

Gefüllte Tigerschwänze mit Frischkäse und Blattspinat

Ralf Zacherl

Zutaten für 4–5 Personen:

Für den Crêpeteig:
60 g Butter
200 g Mehl
1/2 l Milch
8 Eigelb · Salz
frisch geriebene Muskatnuss
2 Beutel Sepia-Tinte
(vom Fischhändler oder
aus dem Feinkostladen)
1 TL gemahlene Kurkuma
Öl zum Backen

Für den Spinat:
400 g Blattspinat
1 Zwiebel
1 Knoblauchzehe
100 g gekochter Schinken
4 getrocknete Tomaten
2 EL Rapsöl
2 EL Pinienkerne
Salz · Pfeffer aus der Mühle
frisch geriebene Muskatnuss
150 g Frischkäse

1 Für den Crêpeteig die Butter in einem kleinen Topf zerlassen. Das Mehl in eine Schüssel sieben, 200 ml kaltes Wasser und die Milch unterrühren. Danach die Eigelbe und die flüssige Butter unterrühren, den Teig mit Salz und Muskatnuss würzen und durch ein feines Sieb passieren. Ein Fünftel des Teigs mit der Sepia-Tinte, den restlichen Teig mit Kurkuma färben. Den Crêpeteig etwa 30 Minuten ruhen lassen.

2 Den Spinat verlesen, waschen und abtropfen lassen, grobe Stiele entfernen. Die Zwiebel und den Knoblauch schälen und in feine Würfel schneiden. Den Schinken und die Tomaten ebenfalls in Würfel schneiden. Das Öl in einer Pfanne erhitzen und die Zwiebelwürfel darin bei mittlerer Hitze anbraten, den Knoblauch und Pinienkerne dazugeben und mitbraten. Nach 1 Minute den Spinat hinzufügen und zusammenfallen lassen. Alles in eine Schüssel geben und die Schinken- und Tomatenwürfel hinzufügen. Den Spinat mit Salz, Pfeffer und Muskatnuss würzen und abkühlen lassen. Wenn der Spinat noch handwarm ist, den Frischkäse unterrühren.

3 Den schwarz gefärbten Crêpeteig in einen Spritzbeutel füllen (man kann aus Backpapier auch selbst Spritztüten formen). In einer beschichteten Pfanne portionsweise Öl erhitzen, etwas gelben Teig hineingeben und gleichmäßig dünn in der Pfanne verteilen. Mit dem Spritzbeutel jeweils schwarze Tigerstreifen über die gelbe Crêpe ziehen. Die Crêpe vorsichtig wenden und fertig backen. Auf diese Weise 4 oder 5 Tigerschwänze backen.

4 Die Spinatmasse jeweils etwa 1 cm dick auf zwei Drittel der Crêpes verteilen und die Tigerschwänze mit leichtem Druck zusammenrollen. Nach Belieben die Enden gerade abschneiden.

Johannes B. Kerner

» Wenn Sie den Tiger auf den Tisch packen, sammeln Sie bei Ihren Kindern garantiert Pluspunkte. Natürlich werden Sie genervt sein, dass Sie die Sepia-Tinte nie wieder von den Händen abgewaschen bekommen, geschweige denn aus den Klamotten. Aber Sie werden damit belohnt, dass die Kleinen auf einmal mit Begeisterung Spinat essen. «

Spargel aus dem Ofen mit Hügelsheimer Pfannkuchen

Kolja Kleeberg

Zutaten für 4 Personen:
20 Stangen Spargel
(à ca. 50 g; möglichst gleich dick)
Salz · Zucker
260 g Butter
1 Bund Kerbel
250 g Mehl
50 g geriebener Hartkäse
(z. B. Allgäuer Bergkäse)
frisch geriebene Muskatnuss
4 Eier
Chili aus der Gewürzmühle
1 kg Butterschmalz
zum Ausbacken
1 Bund Schnittlauch
2 hart gekochte Eier
2 EL Essig
je 6 EL Sonnenblumen-
und Traubenkernöl
weißer Pfeffer aus der Mühle

1 Den Backofen auf 170 °C vorheizen. Den Spargel schälen und die holzigen Enden abschneiden. Die Stangen nebeneinander in eine flache, rechteckige, ofenfeste Form legen und mit Salz und wenig Zucker würzen. In einem Topf 160 g Butter zerlassen und über den Spargel gießen. Die Form mit Alufolie gut verschließen. Den Spargel im vorgeheizten Backofen auf der unteren Schiene etwa 30 Minuten garen. Aus dem Backofen nehmen und kurz ruhen lassen. Die Alufolie erst bei Tisch öffnen.

2 Für die Hügelsheimer Pfannkuchen den Kerbel waschen und trocken schütteln, die Blätter abzupfen und fein hacken. In einem Topf 1/2 l Wasser mit der restlichen Butter und etwas Salz zum Kochen bringen. Das Mehl hinzufügen und mit einem Holzlöffel unterrühren. So lange weiterrühren, bis sich ein Kloß bildet, der leicht am Topfboden klebt. Die Masse in die Küchenmaschine geben. Den geriebenen Käse und etwas Muskatnuss hinzufügen, anschließend die Eier, etwas Chili und den Kerbel unter die Brandteigmasse rühren.

3 Den Brandteig in einen Spritzbeutel mit Lochtülle füllen. So viel Butterschmalz in einem Topf auf 170 °C erhitzen, dass das flüssige Fett den Boden etwa 3 cm hoch bedeckt. Den Teig als Spiralen von etwa 10 cm Durchmesser auf Backpapier spritzen und portionsweise mit dem Papier in das heiße Fett geben. Wenn sich die Teigspiralen lösen und im Fett schwimmen, das Papier wegziehen und die Spiralen 3 bis 5 Minuten goldbraun ausbacken.

4 Für die Vinaigrette den Schnittlauch waschen, trocken schütteln und in Röllchen schneiden. Die hart gekochten Eier fein hacken. Den Essig mit beiden Ölsorten vermischen, den Schnittlauch und die Eier unter die Vinaigrette rühren. Mit Salz und Pfeffer abschmecken.

5 Den Spargel mit den Pfannkuchen auf Tellern anrichten. Etwas Spargelsud aus der Form über die Stangen löffeln und die Vinaigrette darüberträufeln.

Johannes B. Kerner

» Das Spannende, wenn man Woche für Woche mit so erfahrenen (Sterne-)Köchen wie Johann, Alfons oder in diesem Fall Kolja zusammen in der Küche steht, ist, dass man wirklich immer mehr dazulernt. Früher kannte ich genau EINE Zubereitungsart von Spargel: in Wasser kochen. Diese hier – mit Butter im Backofen – hat den großen Vorteil, dass ein Großteil des Spargelgeschmacks nicht im Kochwasser ›versickert‹. Bitte prüfen Sie selbst, wie lange der Spargel im Backofen bleiben soll. Spitzenköche wie Kolja legen sich ungern auf genaue Garzeiten fest, da jeder Ofen – und jede Spargelstange – anders ist. «

Huchen auf marinierten Tomaten mit Buttermilchschaum

Alfons Schuhbeck

Zutaten für 4 Personen:

Für die Tomaten:
3 vollreife Tomaten
4 EL Gemüsebrühe
1 Knoblauchzehe
1 Zweig Rosmarin
1 getrocknete Chilischote
3 EL mildes Olivenöl
1 TL Rotweinessig
Salz · Pfeffer aus der Mühle
Zucker

Für den Buttermilchschaum:
150 g Buttermilch
70 g Crème fraîche
80 g saure Sahne
6 EL mildes Olivenöl
Salz · Zucker · Cayennepfeffer
einige Spritzer Zitronensaft

Für den Fisch:
4 Huchenfilets
(à 100 g; mit Haut)
Olivenöl
2 Zweige Rosmarin
1 Knoblauchzehe
2 Scheiben Ingwer
2 unbehandelte Zitronenscheiben
Salz · Pfeffer aus der Mühle

Für die Croûtons:
2 Scheiben Roggenbrot
2 EL Olivenöl

1 Den Backofen auf 100 °C vorheizen. Für die Tomatenmarinade 1 Tomate waschen und vierteln, dabei den Stielansatz entfernen. Die Tomatenviertel in grobe Würfel schneiden und mit der Brühe im Küchenmixer pürieren. In einen kleinen Topf geben und auf maximal 70 °C erhitzen. Den Knoblauch schälen und in feine Scheiben schneiden, den Rosmarin waschen und trocken schütteln. Knoblauch und Rosmarin mit der Chilischote zu der Tomatenmarinade geben, den Topf vom Herd nehmen und die Gewürze 5 bis 10 Minuten darin ziehen lassen. Dann die Marinade durch ein grobes Sieb passieren. Das Olivenöl und den Essig unterrühren und die Tomatenmarinade mit Salz, Pfeffer und 1 Prise Zucker würzen.

2 Für den Buttermilchschaum die Buttermilch, die Crème fraîche und die saure Sahne mit dem Stabmixer verrühren, dabei das Olivenöl nach und nach hinzufügen. Mit Salz, je 1 Prise Zucker und Cayennepfeffer sowie Zitronensaft abschmecken.

3 Für den Fisch die Huchenfilets waschen, trocken tupfen und auf ein mit Olivenöl eingefettes Backblech legen. Den Rosmarin waschen und trocken schütteln. Den Knoblauch schälen und halbieren. Die Fischfilets mit Olivenöl beträufeln, Rosmarin, Knoblauch, Ingwer- und Zitronenscheiben auf dem Blech verteilen. Die Huchenfilets im vorgeheizten Backofen auf der mittleren Schiene etwa 15 Minuten garen.

4 Für die Croûtons die Brotscheiben entrinden und in Würfel schneiden. Das Olivenöl in einer Pfanne erhitzen und die Brotwürfel darin rundum goldbraun braten. Zum Anrichten die restlichen Tomaten waschen und in dünne Scheiben schneiden, dabei die Stielansätze entfernen. Die Tomatenscheiben auf Teller verteilen, mit Salz und Pfeffer würzen und jeweils etwas Tomatenmarinade daraufgeben. Den Buttermilchschaum vor dem Servieren noch einmal mit dem Stabmixer aufschlagen. Die Huchenfilets mit Salz und Pfeffer würzen, auf die Tomaten setzen und mit dem Buttermilchschaum umkränzen. Mit den Croûtons und nach Belieben mit Basilikumblättern garnieren.

Johannes B. Kerner

» Huchen sollst Du suchen … – und es wird schwer sein, einen zu finden. Der Huchen, so habe ich von Alfons gelernt, heißt auch Donaulachs und ist mittlerweile recht selten geworden. Meist stammen die Edelfische, die ganz sauberes Wasser brauchen, aus der Zucht, nur noch wenige Exemplare lümmeln in den Seitenarmen der Donau rum. Wenn Sie keinen Huchen bekommen, kein Problem! Probieren Sie das Rezept einfach mit Saiblingsfilet. «

Loup de Mer auf Gewürzsalz
mit Schalottenspinat

Alfons Schuhbeck

Zutaten für 4 Personen:

Für den Fisch:
1 Eiweiß
300 g grobes Meersalz
3 EL ganze Gewürze (Wacholderbeeren, schwarze Pfefferkörner, Korianderkörner, Kardamomkapseln, Fenchelsamen)
je 1 EL Mehl und Speisestärke
4 Filets vom Loup de Mer (à 100 g; mit Haut)

Für die Vanille-Knoblauch-Butter:
2 Knoblauchzehen
Mark von 1/2 Vanilleschote
2 EL Butter · Chilisalz

Für den Schalottenspinat:
500 g Blattspinat
2 Schalotten
1 Knoblauchzehe
1 EL Olivenöl
3 EL Gemüsebrühe
1 Scheibe Ingwer
1 Streifen unbehandelte Zitronenschale
Salz · Pfeffer aus der Mühle
frisch geriebene Muskatnuss
2 EL Butter

1 Den Backofen auf 200 °C vorheizen. Für das Gewürzsalz das Eiweiß cremig aufschlagen. Das Salz mit Gewürzen, Mehl und Speisestärke vermengen und das Eiweiß untermischen. Eine ofenfeste Pfanne mit Backpapier auslegen, die Salzmasse darauf verteilen und glatt streichen. Die Salzmasse im vorgeheizten Backofen auf der mittleren Schiene 15 Minuten antrocknen lassen.

2 Die Fischfilets waschen, trocken tupfen und mit der Hautseite nach unten auf das Salzbett legen. Einen Deckel auf die Pfanne setzen und die Fischfilets im Backofen etwa 7 Minuten saftig durchziehen lassen.

3 Für die Vanille-Knoblauch-Butter den Knoblauch schälen und in feine Scheiben schneiden. Die Butter in einer Pfanne zerlassen, den Knoblauch und das Vanillemark dazugeben, die Butter mit Chilisalz würzen.

4 Für den Schalottenspinat den Spinat verlesen, waschen und abtropfen lassen, grobe Stiele entfernen. Die Schalotten schälen und in feine Würfel schneiden. Den Knoblauch schälen und halbieren. In einer Pfanne das Olivenöl erhitzen und die Schalotten darin andünsten. Die Brühe und den Spinat hinzufügen und mitdünsten. Knoblauch, Ingwer und Zitronenschale dazugeben und den Spinat mit Salz, Pfeffer und Muskatnuss würzen.

5 In einem kleinen Topf 1 EL Butter langsam erhitzen, bis sie goldbraun ist und ein nussiges Aroma hat. Diese braune Butter mit der restlichen Butter zum Spinat geben. Knoblauch, Ingwer und Zitronenschale wieder entfernen.

6 Die Fischfilets auf dem Schalottenspinat anrichten und mit der Vanille-Knoblauch-Butter beträufeln.

Johannes B. Kerner

» Eines der besten Fischgerichte, die ich jemals in der Sendung probiert habe. Hier stimmt alles: Der Fisch ist würzig, obwohl er die Würze nur dadurch bekommt, dass er auf dem Salzbett liegt. Und die Vanillebutter passt perfekt zu dem Spinat. Überragend! «

Forelle auf Apfel und Sellerie mit Holunderblütenschaum

Alfons Schuhbeck

Zutaten für 4 Personen:
4 Forellenfilets
ca. 5 EL Butter
1 Sellerieknolle
1080 ml Gemüsebrühe
5 EL mildes Olivenöl
2 EL Rotweinessig
1 TL scharfer Senf
Salz · Pfeffer aus der Mühle
Zucker · Chilipulver
einige Blätter Frisée- und Feldsalat
1 Apfel
1 TL Puderzucker
50 ml Holunderblütensirup
50 ml Mineralwasser
80 g saure Sahne
70 g Crème fraîche
Cayennepfeffer
1 EL Zitronensaft

1 Den Backofen auf 100 °C vorheizen. Die Forellenfilets waschen und trocken tupfen. In eine mit Butter gefettete ofenfeste Form oder auf ein Backblech legen, mit ofenfester Frischhaltefolie zudecken und im vorgeheizten Backofen auf der mittleren Schiene 10 bis 15 Minuten glasig durchziehen lassen.

2 Den Sellerie putzen und schälen. Von der Knolle 4 große, dünne Scheiben abschneiden und in 1 l Gemüsebrühe bei mittlerer Hitze 8 bis 10 Minuten weich ziehen lassen.

3 Inzwischen 80 ml Brühe mit Olivenöl, Essig und Senf mit dem Stabmixer verrühren. Die Marinade mit Salz, Pfeffer sowie je 1 Prise Zucker und Chili würzen. Den Sellerie aus der Brühe nehmen und abkühlen lassen, dann in die Marinade legen und bis zur Weiterverwendung zugedeckt kühl stellen.

4 Die Salatblätter waschen und trocken schütteln. Den Apfel vierteln, das Kerngehäuse entfernen und die Apfelviertel in Spalten schneiden. In einer Pfanne den Puderzucker hell karamellisieren und die Apfelspalten darin anbraten. 1 TL Butter dazugeben und schmelzen lassen.

5 Für den Holunderblütenschaum den Holunderblütensirup, Mineralwasser, saure Sahne und Crème fraîche mit dem Stabmixer verrühren. Mit Salz, Cayennepfeffer und Zitronensaft abschmecken und schaumig aufschlagen.

6 In einem kleinen Topf 3 EL Butter langsam erhitzen, bis sie goldbraun ist und ein nussiges Aroma hat. Die Forellenfilets aus dem Backofen nehmen, mit Salz und Pfeffer würzen und mit der braunen Butter bestreichen.

7 Zum Anrichten die Selleriescheiben und die Apfelspalten auf Teller verteilen. Die Forellenfilets darauflegen und etwas Holunderblütenschaum darübergeben. Den Frisée- und Feldsalat mit der Marinade beträufeln und auf die Teller verteilen.

Johannes B. Kerner

» Alfons sagt, dass man die Gemüsebrühe auch zum Kochen von anderen Gerichten weiterverwenden kann. Recht hat er, es wäre ja auch Sünde, 1 Liter davon einfach wegzugießen. «

Seezungenröllchen mit Gambas auf Rotweinwirsing

Ralf Zacherl

Zutaten für 4 Personen:

1 rote Zwiebel
1 EL Honig
300 ml Rotwein
2 EL Mandelblättchen
1 Kopf Wirsing (ca. 250 g)
Salz
4 Riesengarnelen (ohne Kopf)
4 Seezungenfilets (mit Haut)
2 EL Kalbsbrät (vom Metzger)
2 EL Mehl · 1 Ei
10 EL Mie de pain
(weiße Semmelbrösel)
Olivenöl zum Braten
1 EL Butter
frisch geriebene Muskatnuss
Lebkuchengewürz
Pfeffer aus der Mühle

1 Für den Rotweinwirsing die Zwiebel schälen und in feine Würfel schneiden. In einem Topf mit dem Honig und dem Rotwein offen einkochen lassen, bis fast keine Flüssigkeit mehr vorhanden ist. Die Mandelblättchen in einer kleinen beschichteten Pfanne ohne Fett hellbraun rösten.

2 Vom Wirsing die äußeren Blätter abzupfen, waschen und trocken tupfen, 2 bis 3 hellgrüne Blätter beiseitelegen. Den Wirsingkopf vierteln und den Strunk entfernen, alle Blätter – bis auf die hellgrünen – in feine Streifen schneiden. Den Wirsing in kochendem Salzwasser bissfest blanchieren, eiskalt abschrecken und auf einem Sieb abtropfen lassen. Von den beiseitegelegten Blättern den Strunk entfernen, die Blätter zwischen zwei Küchentücher legen und mit einem großen Küchenbrett und einem Gewicht beschweren.

3 Für die Seezungenröllchen den Backofen auf 210 °C vorheizen. Die Garnelen schälen, längs halbieren und den schwarzen Darm entfernen. Die Garnelen waschen und trocken tupfen. Die Fischfilets ebenfalls waschen und trocken tupfen, auf der Hautseite jeweils leicht einschneiden und die Filets flach streichen. Die Hautseite der Filets dünn mit Kalbsbrät bestreichen, die Wirsingblätter darüber verteilen und diese wieder mit Kalbsbrät bestreichen. Jeweils mit 2 Garnelenhälften belegen und einrollen. Die offenen Enden mit dem restlichen Brät verschließen. Die Röllchen zuerst im Mehl wenden, dann durch das verquirlte Ei ziehen und zuletzt mit den Semmelbröseln panieren.

4 So viel Olivenöl in eine Pfanne gießen, dass der Boden gut 2 cm bedeckt ist. Das Öl erhitzen und die Seezungenröllchen darin rundum anbraten. Ein Ofengitter auf die mittlere Schiene des Backofens und darunter ein Abtropfblech schieben. Die Seezungenröllchen auf das Ofengitter setzen und im vorgeheizten Backofen etwa 8 Minuten fertig garen.

5 Inzwischen die Butter in einem Topf zerlassen und den Wirsing darin andünsten. Mit Salz, Muskatnuss, den gerösteten Mandeln und etwas Lebkuchengewürz würzen und bei mittlerer Hitze einige Minuten fertig garen. Kurz vor dem Anrichten die Rotweinreduktion über den Wirsing geben. Zum Anrichten die Seezungenröllchen schräg halbieren, mit Salz und Pfeffer würzen und sofort auf dem Rotweinwirsing servieren.

Johannes B. Kerner

» Beim Namen des Gerichts kamen mir anfangs Zweifel: Sind hier mehrere Gerichte einer Kochsendung versehentlich in einen Titel gerutscht? Passen Gambas zu Wirsing? Und Rotwein zu Seezunge? Ja, solange der Kreativdirektor des Ensembles Ralf Zacherl heißt. «

Thunfisch-Sushi
aus der Fritteuse mit Vindaloo-Relish

Zutaten für 4 Personen:
50 g Ingwerwurzel
3 Knoblauchzehen
150 g Zwiebeln
1 rote Chilischote
2 EL Olivenöl
2 EL Tomatenmark
400 g Mini-Romatomaten
4 grüne Kardamomkapseln
1 EL Senfsaat
Salz · Pfeffer aus der Mühle
3 EL brauner Zucker
4 EL Limettensaft
350 g frischer Thunfisch (Sushi-Qualität)
300 g Garnelen (küchenfertig)
3 EL Kokosmilch
1 EL rote Currypaste
3 Nori-Algenblätter · 2 Eier
6 EL Pankobrösel (japan. Paniermehl)
Fett zum Frittieren

1 Für das Vindaloo-Relish Ingwer und Knoblauch schälen und grob zerkleinern. Die Zwiebeln schälen und in feine Würfel schneiden. Die Chilischote putzen, waschen und in Streifen schneiden (wer es nicht ganz so scharf mag, halbiert die Schote und entfernt die Kerne). Alles mit Olivenöl, dem Tomatenmark und 2 EL Wasser mit dem Stabmixer fein pürieren.

2 Die Tomaten kreuzweise einritzen, überbrühen, häuten, vierteln und entkernen, das Fruchtfleisch in grobe Würfel schneiden. Die Kardamomkapseln aufbrechen und die Samen auslösen. Mit der Senfsaat in einem kleinen Topf anrösten, bis die Gewürze zu duften beginnen. Die Ingwer-Zwiebel-Paste und die Tomatenwürfel in den Topf geben. Mit Salz und Pfeffer würzen und zugedeckt bei mittlerer Hitze 10 bis 15 Minuten sanft köcheln lassen. Das Vindaloo-Relish mit dem braunen Zucker und dem Limettensaft abschmecken.

3 Für die frittierten Sushi den Thunfisch waschen, trocken tupfen und in dünne Scheiben schneiden. Die Garnelen waschen und trocken tupfen, mit der Kokosmilch und der Currypaste im Blitzhacker fein hacken und mit Salz würzen. Die Garnelenmasse auf die Algenblätter streichen. Den Thunfisch auf die Garnelenmasse legen und alles fest aufrollen.

4 Die Thunfischröllchen durch die verquirlten Eier ziehen und dann in den Pankobröseln wenden. Im heißen Fett bei 185 °C einige Minuten goldbraun frittieren, herausnehmen und auf Küchenpapier abtropfen lassen.

5 Die frittierten Thunfisch-Sushi in Scheiben schneiden und mit dem Vindaloo-Relish servieren.

Johannes B. Kerner

» Wenn ich in ein Sushi-Restaurant gehe, bestelle ich oft Sushi-Varianten wie diese. Gern warm. Das hat nichts mit Vertrauen zu tun, sondern eher mit meinen Geschmacksnerven. Diese Sushi-Variante ist so großartig, weil sie durch die Pankobrösel unglaublich knusprig wird und der Thunfisch innen nicht durchgart. Thunfisch, das haben wir in den letzten Jahren ja gelernt, gibt es nicht nur in der Dose. Aber was sind das für Brösel? Die bekommt man im Asialaden, und man sollte sie unbedingt einmal verwenden. Sie werden irgendwie anders knusprig als normale Semmelbrösel, übrigens auch bei der Zubereitung von Wiener Schnitzel, das dann gerechterweise Pankoer Schnitzel heißen sollte. «

Knusprige Makrele mit Gurkensalat

Kolja Kleeberg

Zutaten für 4 Personen:
2 Salatgurken · Salz
1 Bund Petersilie
4 EL Crème fraîche
1 EL Weißweinessig
(oder Aceto bianco)
weißer Pfeffer aus der Mühle
1 Msp. Piment d'Espelette
2 Makrelenfilets (mit Haut)
Mehl zum Bestäuben
2 EL Öl
4 Schalotten
2 Knoblauchzehen
4 Zweige Thymian
4 Stiele Basilikum
1 Spritzer Zitronensaft
2 EL gesalzene Butter

1 Die Gurken schälen und längs halbieren, mit einem Teelöffel die Kerne entfernen. Die Gurkenhälften in etwa 2 mm dicke Streifen schneiden. Die Gurkenstreifen in eine Schüssel geben, mit etwas Salz bestreuen und 1 Stunde Wasser ziehen lassen.

2 Die Petersilie waschen und trocken schütteln, die Blätter abzupfen und fein hacken. Die Gurkenstreifen gut ausdrücken und in einer Schüssel mit der Crème fraîche mischen, dabei eventuell etwas Gurkenwasser hinzufügen. Mit Essig, Pfeffer, Piment und Petersilie abschmecken.

3 Die Makrelenfilets waschen, trocken tupfen und die Haut mehrmals quer mit einer Rasierklinge einritzen (so werden die Filets beim Braten schön kross). Die Filets mit Salz würzen und auf der Hautseite mit Mehl bestäuben, überschüssiges Mehl gut abklopfen. Das Öl in einer Pfanne erhitzen und die Fischfilets darin auf der Hautseite bei mittlerer Hitze braten, bis die Haut kross, das Fleisch aber noch leicht glasig ist.

4 Inzwischen die Schalotten schälen und in grobe Spalten schneiden, den Knoblauch schälen und halbieren. Die Kräuter waschen und trocken schütteln. Die Fischfilets wenden, Schalotten, Knoblauch, Thymian und Basilikum in die Pfanne geben. Den Zitronensaft hinzufügen, die Butter dazugeben und schmelzen lassen. Alles etwa 1 Minute braten.

5 Die Makrelenfilets aus der Pfanne nehmen und auf Küchenpapier abtropfen lassen. Mit dem Gurkensalat anrichten.

Johannes B. Kerner

» Makrelen kommen bei uns meist geräuchert auf den Tisch. Das ist an sich nichts Schlechtes, denn sie eignen sich dazu ja auch hervorragend. Allerdings sollte man ihnen auch einmal gönnen, sich braten zu lassen, denn wie bei Zander, den man ersatzweise für dieses Rezept nehmen kann, wird die Haut schön kross und schmeckt zusammen mit dem Gurkensalat ganz hervorragend. «

Lammfilets im Brotmantel mit Zucchini-Minze-Salat

Johann Lafer

Zutaten für 4 Personen:

Für den Salat:
3 Zucchini
2 Knoblauchzehen
3 EL Olivenöl
Salz · Pfeffer aus der Mühle
10 Stiele Minze
3 EL Weißweinessig
5 EL Olivenöl con limone
Ahornsirup
Salz · Pfeffer aus der Mühle

Für die Lammfilets:
1 Ciabatta
4 Zweige Thymian
10 Lammfilets (à ca. 50 g)
Salz · Pfeffer aus der Mühle
60 g Sahne (gut gekühlt)
1 Zweig Rosmarin
2 EL Olivenöl
1 Knoblauchknolle

Für die Joghurtsauce:
1 rote Chilischote
1/4 Bund Basilikum
250 g griechischer Joghurt
50 ml Milch
Saft und abgeriebene Schale von 1 unbehandelten Limette
2 EL Sweet Chilisauce
Salz · Pfeffer aus der Mühle
Chili aus der Gewürzmühle

1 Für den Salat die Zucchini putzen, waschen und schräg in dünne Scheiben schneiden. Den Knoblauch schälen und in feine Würfel schneiden. Das Olivenöl in einer Pfanne erhitzen und den Knoblauch darin anbraten. Die Zucchini hinzufügen und mitbraten. Das Gemüse mit Salz und Pfeffer würzen und in eine Schüssel füllen.

2 Die Minze waschen und trocken schütteln, die Blätter abzupfen und zu den gebratenen Zucchini in die Schüssel geben. Essig, Olivenöl con limone und etwas Ahornsirup hinzufügen. Alles gut vermischen und den Salat mit Salz und Pfeffer würzen.

3 Für die Lammfilets das Ciabatta längs in etwa 8 dünne Scheiben schneiden. Zwei Thymianzweige waschen, trocken schütteln und die Blättchen abzupfen. Zwei Lammfilets in kleine Würfel schneiden, mit Thymian, Salz und Pfeffer würzen. Das Fleisch etwa 1 Stunde ins Tiefkühlfach stellen, dann im Küchenmixer mit der Sahne fein pürieren. Die Lammfarce mit Salz und Pfeffer würzen und auf die Ciabatta-Scheiben streichen.

4 Die restlichen Lammfilets mit Salz und Pfeffer würzen. Jeweils ein Filet mit einer Brotscheibe umwickeln und mit einem Zahnstocher fixieren. Den restlichen Thymian und den Rosmarin waschen und trocken schütteln. Das Olivenöl in einer Pfanne erhitzen, die Kräuter und die quer halbierte Knoblauchknolle mit der Schnittfläche nach unten hinzufügen. Die Lammfilets dazugeben und bei mittlerer Hitze rundum goldbraun und knusprig braten. Aus der Pfanne nehmen und auf Küchenpapier abtropfen lassen.

5 Für die Joghurtsauce die Chilischote längs halbieren, entkernen, waschen und in feine Würfel schneiden. Das Basilikum waschen und trocken schütteln, die Blätter abzupfen und in feine Streifen schneiden. Den Joghurt mit Milch, Limettensaft und -schale, Chilisauce, Salz, Pfeffer, Chili und den Basilikumstreifen verrühren. Die Lammfilets mit der Limetten-Joghurt-Sauce und dem Zucchini-Minze-Salat anrichten.

Johannes B. Kerner

» Lamm und Minze passen einfach gut zusammen. Minze ist neben Vanille und Zimt eine der Zutaten, die ich durch die Sterneköche, die immer wieder freitags um mich herumwerkeln, viel häufiger als früher in der Küche verwende – und das nicht nur in Nachspeisen. Experimentieren Sie ruhig einmal mit Minze. Bereiten Sie zum Beispiel ein klassisches Pesto gemischt mit Basilikum und Minze zu. «

Hähnchenschenkel mit Zwiebelsauce und Fenchel-Couscous

Johann Lafer

Zutaten für 4 Personen:
4 Hähnchenkeulen (mit Haut)
2 rote Zwiebeln
4 Knoblauchzehen
5 EL Olivenöl
2 EL Tomatenmark
1/2 l Geflügelbrühe
1 EL Carvi-Pulver
(gemahlener Kümmel)
1 EL gemahlener Koriander
Salz · Pfeffer aus der Mühle
1 EL Harissa
(scharfe tunes. Würzpaste)
200 g Fenchelgrün
500 g Instant-Couscous
2 EL Olivenöl con limone
2 EL Butter

1 Die Hähnchenkeulen waschen, trocken tupfen und im Gelenk halbieren. Die Zwiebeln und den Knoblauch schälen, die Zwiebeln in Streifen, den Knoblauch in feine Würfel schneiden.

2 Das Olivenöl in einer Pfanne erhitzen und die Hähnchenkeulen darin rundum goldbraun anbraten. Die Zwiebeln und den Knoblauch dazugeben und mitbraten. Das Tomatenmark hinzufügen und unter Rühren kurz anrösten, mit der Brühe ablöschen. Die Zwiebelsauce mit Carvi, Koriander, Salz, Pfeffer und Harissa kräftig würzen und zugedeckt bei schwacher Hitze etwa 30 Minuten köcheln lassen.

3 Für den Couscous das Fenchelgrün waschen, trocken schütteln und fein hacken, etwas gehacktes Grün zum Garnieren beiseitelegen. Den Couscous mit dem Olivenöl con limone verrühren, mit 1/2 l kochendem Wasser übergießen und etwa 5 Minuten quellen lasssen. Den Couscous mit einer Gabel auflockern und mit Salz und Pfeffer würzen. Die Butter und nach Belieben noch etwas Olivenöl con limone unterrühren.

4 Die Hähnchenschenkel mit der Sauce und dem Couscous auf Tellern anrichten und mit gehacktem Fenchelgrün garniert servieren.

Johannes B. Kerner

» Johann hat dieses Rezept in der Sendung mit einem speziellen Topf, einer Couscoussière, zubereitet – einer Art Dampftopf, da Couscous nicht gekocht, sondern gedämpft wird. Da Sie so einen Topf nicht besitzen werden, sollten Sie, wie im Rezept angegeben, Instant-Couscous benutzen. Bei dessen Herstellung wird der Hartweizengrieß vorgegart und erneut getrocknet, weshalb er nur noch in heißem Wasser quellen muss. «

Hirschrücken mit Pflaumenrahm und Printen

Horst Lichter

Zutaten für 4 Personen:
800 g Hirschrücken
(ausgelöst; ersatzweise Rehrücken)
Salz · Pfeffer aus der Mühle
2 EL Öl
5 Wacholderbeeren
8 Pflaumen
2 EL Butter
3 EL Sliwovitz (Pflaumenschnaps)
1 EL Preiselbeergelee
3 EL Sahne
Zimtpulver
8 Printen

1 Den Backofen auf 100 °C vorheizen. Den Hirschrücken in 8 Medaillons schneiden und mit Salz und Pfeffer einreiben.

2 Das Öl in einer Pfanne erhitzen. Die Hirschmedaillons darin mit den angedrückten Wacholderbeeren auf beiden Seiten etwa 3 Minuten braten und im vorgeheizten Backofen warm halten.

3 Die Pflaumen waschen, trocken tupfen, längs halbieren und die Steine entfernen. Die Butter in der Pfanne zerlassen und die Pflaumen darin schwenken. Den Sliwovitz, das Preiselbeergelee und die Sahne dazugeben. Einmal aufkochen lassen und mit etwas Zimt abschmecken.

4 Die Printen in feine Streifen schneiden. Die Hirschmedaillons mit den Pflaumen und der Sauce anrichten und die Printenstreifen dazu reichen. Nach Belieben mit Spätzle, Bandnudeln oder Reis servieren.

Johannes B. Kerner

» Ich würde nie auf die Idee kommen, im Hochsommer einen Hirschbraten zuzubereiten. Insofern muss ich mir auch keine Gedanken machen, wie ich dann an Printen käme. Bei uns ist dieses Essen mittlerweile der Klassiker für den zweiten Weihnachtsfeiertag. «

Gepökelter Indianerbüffel mit Steinchampignons und Parmesan-Chips

Cornelia Poletto

Zutaten für 4 Personen:

Für das Fleisch:
je 20 g weiße, schwarze, grüne und rote Pfefferkörner
je 20 g Wacholderbeeren, Gewürznelken und Pimentkörner
50 g Cranberries
500 g Bisonfilet (ersatzweise Hirsch- oder Rinderfilet)
je 1 EL gehackter Rosmarin und Thymian
1 EL gehackte Petersilie
150 g Zucker
250 g Salz
2 1/2 EL Grappa

Für die Parmesan-Chips und den Salat:
40 g Parmesan
150 g gemischte Salatblätter (z. B. Rucola, gelber Löwenzahn, Radicchio, Eichblattsalat)
12 Steinchampignons
2 EL Olivenöl
1 EL Aceto balsamico
1 EL Trockenbeeren-auslese-Essig
Fleur de Sel
Pfeffer aus der Mühle

1 Für das Fleisch die Gewürze im Mörser fein zerstoßen. Die Cranberries waschen, trocken tupfen und grob hacken.

2 Alle Gewürze, die gehackten Kräuter und die Cranberries vermischen und das Bisonfilet darin wälzen, bis es rundum gleichmäßig bedeckt ist. Zucker, Salz und Grappa mischen, die Salzmasse auf Frischhaltefolie streichen und das Fleisch darin einwickeln. In Alufolie einschlagen und 48 Stunden kühl stellen.

3 Kurz vor dem Servieren für die Parmesan-Chips den Parmesan reiben, gleichmäßig in eine beschichtete Pfanne streuen und bei mittlerer Hitze goldgelb schmelzen lassen (alternativ kann man den Käse auch unter dem Backofengrill schmelzen). Den Parmesan aus der Pfanne nehmen und auf Backpapier abkühlen lassen.

4 Für den Salat die Salatblätter waschen und trocken schleudern. Die Steinchampignons putzen und mit Küchenpapier trocken abreiben. Die Salatblätter in eine Schüssel geben und mit Olivenöl, beiden Essigsorten, Fleur de Sel und Pfeffer marinieren.

5 Das gepökelte Bisonfilet aus der Folie wickeln, mit Küchenpapier trocken tupfen und in dünne Scheiben schneiden. Den Salat auf Teller verteilen und die Bisonscheiben darauf anrichten, die Pilze in feinen Scheiben darüberhobeln. Die Parmesanplatte in Chips brechen und das Bisonfilet damit garnieren.

Johannes B. Kerner

» Vergessen wir erst einmal, dass Bison schwer zu bekommen ist. Im Internet gibt es Versender, und das Rezept funktioniert auch mit Rinderfilet. Vergessen wir dann, dass Bison- und Rinderfilet teure Lebensmittel sind. Vergessen wir, dass wir unglaublich viele verschiedene Zutaten, hier besonders viele verschiedene Pfeffersorten, kaufen müssen. Vergessen wir, dass Grappa doch eigentlich nach dem Essen getrunken wird, und vergessen wir, dass das Ganze nichts für den schnellen Hunger zwischendurch ist, da es zwei Tage kalt stehen muss. Wenn wir das alles vergessen und die Mühe auf uns genommen haben, all die Zutaten zu kaufen und das Gericht zuzubereiten – dann erleben wir nach zwei Tagen eine absolute Geschmackssensation, die uns beweist, dass es manchmal Mühe bereitet, ein glücklicher Mensch zu sein. «

Schaufelbraten mit Farfalle und Tomaten-Mango-Salsa

Johann Lafer

Zutaten für 4 Personen:

1 kg Schaufelfleisch vom Rind (aus der Schulter)
1 Möhre
1/2 Sellerieknolle
1 Zwiebel
5 Tomaten
1 Lorbeerblatt
3 Gewürznelken
7 weiße Pfefferkörner
Salz
1 vollreife Mango
1/2 Bund Basilikum
Saft von 2 Limetten
1 rote Chilischote
1 rote Zwiebel
2 EL Sweet Chilisauce
Pfeffer aus der Mühle
300 g bunte Farfalle (Schmetterlingsnudeln)
100 g Rucola
100 g Zucchini
4 EL Olivenöl
frisch geriebene Muskatnuss

1 Für den Schaufelbraten in einem großen Topf Wasser zum Kochen bringen und das Fleisch darin 3 bis 4 Minuten abschrecken, damit sich die Poren schließen. Dann sofort in einen Topf mit kaltem Wasser geben, langsam erhitzen und bei schwacher Hitze 1 Stunde köcheln lassen.

2 Möhre, Sellerie und Zwiebel schälen und in grobe Würfel schneiden. Die Tomate waschen und ebenfalls in Würfel schneiden, dabei den Stielansatz entfernen. Das vorbereitete Gemüse mit Lorbeerblatt, Nelken, Pfefferkörnern und 1 EL Salz zum Fleisch geben. Das Fleisch weitere 1 1/2 Stunden offen köcheln lassen, bis es weich ist. Aus dem Sud nehmen und unter einem feuchten Tuch abkühlen lassen. Den Sud durch ein Sieb gießen und beiseitestellen.

3 Für die Tomaten-Mango-Salsa die restlichen Tomaten waschen, vierteln und entkernen, das Fruchtfleisch in Würfel schneiden. Die Mango schälen, das Fruchtfleisch zuerst in breiten Streifen vom Stein und dann ebenfalls in kleine Würfel schneiden. Das Basilikum waschen und trocken schütteln, die Blätter abzupfen und in feine Streifen schneiden. Die Tomaten- und Mangowürfel in eine Schüssel geben, die Basilikumstreifen und den Limettensaft untermischen. Die Chilischote längs halbieren, entkernen, waschen und in feine Würfel schneiden. Die rote Zwiebel schälen und ebenfalls in feine Würfel schneiden. Beides unter die Tomaten-Mango-Mischung geben. Die Salsa mit Chilisauce, Salz und Pfeffer abschmecken.

4 Die Farfalle in reichlich kochendem Salzwasser nach Packungsanweisung bissfest garen. In ein Sieb abgießen und abtropfen lassen. Den Rucola putzen, waschen und trocken schütteln, grobe Stiele entfernen und die Blätter in Stücke zupfen. Die Zucchini putzen, waschen und in kleine Würfel schneiden. Das Olivenöl in einer großen Pfanne erhitzen und die Zucchini darin andünsten. Die Farfalle hinzufügen und mit Salz, Pfeffer und Muskatnuss würzen. Zuletzt den Rucola untermischen.

5 Das abgekühlte Fleisch in dünne Scheiben schneiden und mit etwas passiertem Sud in einer Pfanne erwärmen. Die Nudeln auf Teller verteilen und die Bratenscheiben darauf anrichten. Die Tomaten-Mango-Salsa dazu reichen.

Johannes B. Kerner

» Ein paar Tage vor den Kochsendungen bekomme ich immer die Namen der Gerichte mitgeteilt. Unter ›Schaufelbraten‹ konnte ich mir anfangs so gar nichts vorstellen, bis mir Johann erklärte, dass die Schulter eines Rindes aus dem dicken Bugstück, dem falschen Filet, und eben der Schaufel besteht. Und dass für Sauerbraten meist Fleisch aus dem Schaufelstück genommen wird. Ach ja: Das Gericht schmeckt auch mit hauchdünn geschnittenen Scheiben Hähnchenbrustfilet sehr gut. «

Pasta & Fisch

Es muss nicht immer Kaviar sein. Auch nicht immer Seeteufel oder wild gefangene Riesengarnelen. Experimentieren Sie mit den Gerichten, indem Sie Zutaten ersetzen: Schollenfilet statt Steinbutt, kein Problem! Außerdem finden Pasta-Fans hier Rezepte aus unterschiedlichsten Geschmacks- und Himmelsrichtungen.

Gnocchetti »rusticale« con sugo e salsiccia

Sarah Wiener

Zutaten für 4 Personen:

Für die Gnocchetti:
je 500 g Vollkornweizenmehl (Type 1050) und feiner Hartweizengrieß
(oder 1 kg Farina semola rimacinata di grano duro)
Salz

Für die Sauce:
1 kg Tomaten
1 Zwiebel
1 Knoblauchzehe
1 rote Chilischote
1 Bund Petersilie
5 EL Olivenöl
1 Salsiccia (ital. Bauernbratwurst)
160 ml trockener Weißwein
3 EL geriebener Parmesan

1 Für die Gnocchetti das Mehl mit dem Grieß, 1/4 l Wasser und 1 Prise Salz auf der Arbeitsfläche mit den Händen zu einem glatten und elastischen Nudelteig verkneten. Den Teig zu mehreren 2 cm dicken Rollen formen. Von den Teigrollen mit einem Messerrücken 1/2 bis 1 cm lange Stücke abteilen und die Teigstücke mit dem Daumen flach drücken. Die Nudeln mit einer Seite gegen ein Holzkörbchen oder eine gerillte Glasplatte drücken, damit das typische Muster entsteht, und 2 Stunden trocknen lassen.

2 Für die Sauce die Tomaten kreuzweise einritzen, überbrühen, häuten, vierteln und entkernen. Die Zwiebel und den Knoblauch schälen und in feine Würfel schneiden. Die Chilischote längs halbieren, entkernen, waschen und ebenfalls in feine Würfel schneiden. Die Petersilie waschen, trocken schütteln und die Blätter abzupfen.

3 Das Olivenöl in einer tiefen Pfanne erhitzen, die Zwiebelwürfel und die Petersilie darin bei mittlerer Hitze anbraten. Knoblauch und Chili hinzufügen. Die Salsiccia pellen, in Stücke schneiden, in die Pfanne geben und kurz mitbraten. Mit dem Wein ablöschen und die Tomaten dazugeben. Die Sauce offen bei mittlerer Hitze 30 bis 45 Minuten einkochen lassen.

4 Die Gnocchetti in einem Topf in reichlich kochendem Salzwasser bissfest garen. In ein Sieb abgießen, gut abtropfen lassen und in die Tomaten-Wurst-Sauce geben. Die Gnocchetti mit der Sauce auf Teller verteilen und mit dem Parmesan bestreuen.

Johannes B. Kerner

» In der Sendung hat Sarah die Gnocchetti mit Farina semola rimacinata di grano duro zubereitet. Dieses Mehl zu besorgen dürfte einige Schwierigkeiten bereiten, es sei denn, Sie planen einen Urlaub in Italien und setzen es auf die Einkaufsliste. Die Nudeln funktionieren aber auch mit einer Mischung aus Hartweizengrieß und Vollkornmehl. Und wenn Sie keine Idee haben, wie Sie die richtigen Riffel in die Gnocchetti bekommen sollen, lassen Sie sie doch einfach weg. «

Favette mit Ricotta-Gnocchi und konfierten Kirschtomaten

Kolja Kleeberg

Zutaten für 4 Personen:
2 kg Favette (dicke Bohnen, auch Saubohnen oder Ackerbohnen genannt)
Salz · Pfeffer aus der Mühle
1 Bund Minze
4 EL geschlagene Sahne
je 2 unbehandelte Zitronen und Orangen
4 Zweige Thymian
1 Bund Basilikum
1 kg Kirschtomaten (an der Rispe)
3 EL Olivenöl
1 Bund Estragon
1 kg Ricotta
3 Eier
300 g Mehl
frisch geriebene Muskatnuss
4 EL Butter

1 Die Saubohnen schälen und die Kerne in stark gesalzenem Wasser 4 bis 5 Minuten blanchieren. In gesalzenem Eiswasser abschrecken und die Kerne häuten. Die Bohnenkerne tropfnass in einem Topf erwärmen, mit Salz und Pfeffer würzen. Die Minze waschen und trocken schütteln, die Blätter abzupfen und fein hacken. Kurz vor dem Servieren die Minze mit der geschlagenen Sahne unter die Bohnen mischen.

2 Für die konfierten Kirschtomaten die Zitrusfrüchte heiß waschen und trocken reiben, mit dem Zestenreißer jeweils von der Schale feine Streifen abziehen. Thymian und Basilikum waschen und trocken schütteln, die Blätter abzupfen und fein hacken. Die Tomaten an der Rispe waschen und vorsichtig trocken tupfen. Das Olivenöl in einem flachen Topf erhitzen und die Zesten sowie die Tomaten am Zweig hineingeben und so lange bei mittlerer Hitze braten, bis sie aufplatzen. Basilikum und Thymian hinzufügen und etwas Pfeffer darübermahlen. Den Topf vom Herd nehmen, den Deckel aufsetzen und die Tomaten neben dem Herd bis zum Servieren ziehen lassen.

3 Für die Gnocchi den Estragon waschen und trocken schütteln, die Blätter abzupfen und fein hacken. Den Ricotta mit den Eiern, dem Mehl und dem Estragon vermischen. Den Teig mit Salz, Pfeffer und Muskatnuss abschmecken und etwa 15 Minuten quellen lassen. Anschließend mit zwei Esslöffeln aus dem Teig Klößchen formen und diese in kochendem Salzwasser garen, bis sie an die Oberfläche steigen. In ein Sieb abgießen, kalt abschrecken und gut abtropfen lassen. Die Butter in einer beschichteten Pfanne zerlassen, bis sie leicht gebräunt ist, und die Gnocchi darin schwenken. Favette, Gnocchi und Tomaten nebeneinander auf Tellern anrichten.

Johannes B. Kerner

» Kann einer Bohne, die weitläufig ›Saubohne‹ genannt wird, etwas Besseres passieren, als in die Hände von Kolja Kleeberg zu geraten? Der nennt sie kurzerhand mit ihrem italienischen Namen ›Favette‹, und schon denkt man, sie sei eine Nudel, und freut sich auf Pasta mit Tomatensauce. Dann merkt man, dass man sich getäuscht hat, und ist überrascht, dass die gemeine Saubohne doch besser schmeckt, als man gedacht hat. So ging es zumindest mir. Kolja sagt, dass man anstatt Ricotta auch Quark verwenden kann. «

Pasta alla genovese mit Walnuss- und Cashewkernen

Kolja Kleeberg

Zutaten für 4 Personen:
je 50 g Pinien-, Walnuss- und Cashewkerne
2 Bund Basilikum
1/2 Bund Petersilie
je 50 g Parmesan und Pecorino
1 Knoblauchzehe
1 getrocknete Chilischote
100 ml Pflanzenöl
Salz
weißer Pfeffer aus der Mühle
200 ml mildes Olivenöl
250 g festkochende Kartoffeln
250 g grüne Bohnen
500 g Trofie, Linguine oder Spaghetti
80 g Butter

1 Die Pinien-, Walnuss- und Cashewkerne in einer beschichteten Pfanne ohne Fett hellbraun rösten und kurz abkühlen lassen. Basilikum und Petersilie waschen, trocken schütteln und die Blätter abzupfen. Den Parmesan und den Pecorino fein reiben.

2 Den Knoblauch schälen und halbieren. Mit der Chilischote, den Kräutern und dem Öl im Küchenmixer zu einer feinen Paste pürieren, mit Salz und Pfeffer würzen. Dann nach und nach das Olivenöl und zuletzt die abgekühlten Nüsse sowie den geriebenen Käse untermixen.

3 Die Kartoffeln schälen, waschen und in etwa 1/2 cm große Würfel schneiden. Die Bohnen putzen und die Spitzen und Enden abschneiden. In einem großen Topf 5 l Wasser mit etwas Salz zum Kochen bringen. Die Nudeln mit den Bohnen und den Kartoffelwürfeln hineingeben und je nach Packungsanweisung 8 bis 12 Minuten garen – die Nudeln sollten noch einen guten Biss haben. In ein Sieb abgießen und dabei etwa 60 ml Kochwasser auffangen.

4 Das aufgefangene Kochwasser sofort in eine vorgewärmte Servierschüssel oder zurück in den Nudeltopf geben und die Butter unterrühren. Die Nudeln mit Kartoffeln und Bohnen sowie das Pesto dazugeben und alles gut vermischen. Nach Belieben mit Basilikum garnieren und geriebenen Parmesan dazu servieren.

Johannes B. Kerner

» Dieses Pesto ist klasse. Ich mag es, wenn man es einmal anders macht – neben Pinienkernen werden auch noch Walnuss- und Cashewkerne verwendet und zusätzlich zum Basilikum Petersilie und Chili zerhackt. Dafür lass ich allerdings die Bohnen weg. «

Kartoffel-Agnolotti in Salbeibutter mit Lardo di Colonnata

Cornelia Poletto

Zutaten für 4 Personen:

Für den Nudelteig:
150 g Mehl
250 g Hartweizengrieß
4 Eier
Salz
Hartweizengrieß zum Ausrollen

Für die Füllung:
1 kg grobes Meersalz
4 mehlig kochende Kartoffeln
250–300 ml Milch
100 g Butter
Salz · Pfeffer aus der Mühle
frisch geriebene Muskatnuss
100 g geriebener Parmesan
1 Eigelb

Für die Salbeibutter:
100 g Saubohnenkerne
Salz · 1/2 l Geflügelbrühe
125 g kalte Butter
4–6 Salbeiblätter
8 getrocknete Tomaten
Pfeffer aus der Mühle

Außerdem:
3 Eiweiß
4 Scheiben Lardo di Colonnata (ital. grüner Speck)
80 g Parmesan

1 Für den Nudelteig Mehl, Grieß, Eier und 1 Prise Salz zu einem glatten Teig verkneten. Den Teig in Frischhaltefolie wickeln und im Kühlschrank mindestens 1 Stunde ruhen lassen.

2 Für die Füllung den Backofen auf 180 °C vorheizen. Das Salz auf ein Backblech geben, die Kartoffeln waschen und darauflegen. Die Kartoffeln im vorgeheizten Backofen auf der mittleren Schiene 45 bis 60 Minuten garen. Aus dem Backofen nehmen und kurz abkühlen lassen. Die Milch mit der Butter und den Gewürzen erhitzen. Die Kartoffeln pellen und noch warm durch die Kartoffelpresse in eine Schüssel drücken. Die heiße Milch nach und nach unter die Kartoffelmasse mischen (sie darf nicht flüssig werden). Den Parmesan und das Eigelb unterrühren und die Masse abkühlen lassen.

3 Für die Salbeibutter die Saubohnenkerne in kochendem Salzwasser 4 Minuten blanchieren. Abgießen, kalt abschrecken und häuten. Die Brühe aufkochen, die Butter in Würfel schneiden und nach und nach unterrühren. Den Topf vom Herd nehmen. Den Salbei in Streifen schneiden, mit den Bohnen und den getrockneten Tomaten in den Sud geben. Mit Salz und Pfeffer würzen.

4 Den Nudelteig in Portionen teilen und mithilfe der Nudelmaschine dünn ausrollen, dabei immer wieder mit Grieß bestreuen. Die Teigbahnen in 8 bis 10 cm große Quadrate schneiden. Jeweils 1 TL Kartoffelfüllung in die Mitte der Nudelquadrate setzen. Die Eiweiße leicht verquirlen und die Teigränder damit bestreichen. Die Quadrate diagonal zu Dreiecken zusammenfalten und die Kanten gut andrücken. Die Ecken der langen Seite mit Eiweiß bestreichen, die beiden Ecken so übereinanderlegen und zusammendrücken, dass ein Kreis entsteht. Die obere Spitze umklappen.

5 Reichlich Salzwasser zum Kochen bringen und die Agnolotti darin bei schwacher Hitze 3 bis 6 Minuten ziehen lassen, bis sie an die Oberfläche steigen. Abgießen und gut abtropfen lassen. Die Salbeibutter noch einmal erhitzen und die Agnolotti darin schwenken. Auf Teller verteilen, jeweils mit 1 Scheibe Lardo belegen und den Parmesan in feinen Spänen darüberhobeln.

Johannes B. Kerner

» Nudelteig selbst herzustellen ist ja so eine Sache für sich. Ich mach ihn ungern, wenn ich Gäste bekomme, da viele Kleinigkeiten dazu führen können, dass man nachher Pizza oder Sushi bestellen muss. Mal klebt er, mal trocknet er aus, mal vergisst man ihn, und er liegt zu lange im Kühlschrank und wird bröselig – alles schon erlebt. Übrigens: Italiener (und ihre Ehefrauen wie Cornelia) machen Nudelteig grundsätzlich OHNE Zugabe von Olivenöl. «

Älplermagronen mit Zimt-Apfelmus und Zwiebelringen

Andreas C. Studer

Zutaten für 4 Personen:
500 g festkochende Kartoffeln
Salz
250 g Makkaroni
200 g Sahne
Pfeffer aus der Mühle
frisch geriebene Muskatnuss
Fett für die Form
200 g geriebener Bergkäse
(z. B. Gstaader Bergkäse)
3 Zwiebeln
3 EL Mehl
Chilipulver
2 EL Butterschmalz
5 Äpfel (z. B. roter Boskop)
1 unbehandelte Zitrone
3 EL Zucker
1 Zimtstange

1 Die Kartoffeln schälen, waschen und in etwa 2 cm große Würfel schneiden. Die Kartoffelwürfel mit 3/4 l Wasser in einen Topf geben und aufkochen, mit Salz würzen und 5 Minuten garen. Die Makkaroni dazugeben und mit den Kartoffelwürfeln bissfest garen. Wenn die Flüssigkeit fast aufgesogen ist, die Sahne hinzufügen, mit Salz, Pfeffer und Muskatnuss kräftig abschmecken.

2 Den Backofen auf 150 °C vorheizen. Eine ofenfeste Form einfetten. Die Kartoffel-Nudel-Masse mit dem geriebenen Käse schichtweise in die Form füllen und im vorgeheizten Backofen auf der mittleren Schiene etwa 10 Minuten backen, bis der Käse geschmolzen ist.

3 Die Zwiebeln schälen und in feine Ringe schneiden. Mit dem Mehl und etwas Chili in einen Gefrierbeutel geben. Den Beutel verschließen und gut schütteln, bis die Ringe gleichmäßig bestäubt sind. Das Butterschmalz in einer Pfanne erhitzen, die Zwiebelringe darin bei mittlerer Hitze etwa 5 Minuten knusprig braten. Herausnehmen und auf Küchenpapier abtropfen lassen.

4 Die Äpfel waschen, vierteln und die Kerngehäuse entfernen. Die Zitrone heiß waschen, trocken reiben und die Schale in dicken Streifen abschälen. Die Zitrone halbieren und auspressen. Die Äpfel mit dem Zucker, dem Zimt, der Zitronenschale und 2 EL Zitronensaft in einen Topf geben und bei schwacher Hitze etwa 10 Minuten weich garen. Zimt und Zitronenschale wieder entfernen, die Äpfel durch die »Flotte Lotte« drehen oder durch ein grobes Sieb passieren. Das Zimt-Apfelmus abkühlen lassen.

5 Die Älplermagronen mit dem Zimt-Apfelmus auf Tellern anrichten und mit den Zwiebelringen garniert servieren.

Johannes B. Kerner

» Für die Arbeit im Gebirge braucht man Kraft – und die bekommt man durch die Zufuhr von Kalorien. Deshalb kann man auch Kartoffeln, Nudeln und viel Käse zu einem traditionellen Bergbauernessen kombinieren und sich darüber freuen, dass ein deftiges Essen manchmal doch das Beste ist, was man für sich tun kann. «

Zitronenlinguine mit Hummerfleisch

Cornelia Poletto

Zutaten für 4 Personen:

Für die Linguine:
300 g Zucker
2 unbehandelte Zitronen
1–2 EL Olivenöl
300 ml Fischfond
400 g Linguine
45 g Meersalz
1 Handvoll Zitronenverbenenblätter (ersatzweise Zitronenmelisseblätter)
Fleur de Sel
Pfeffer aus der Mühle

Für die Hummer:
1 Möhre
1 Stange Staudensellerie
2 Stiele Petersilie
2 Zweige Thymian
1 Lorbeerblatt
1 TL schwarze Pfefferkörner
2 Hummer (à 600 g)

Außerdem:
50 g Parmesan

1 Für die Zitronenlinguine den Zucker mit 1 l Wasser aufkochen. Die Zitronen heiß waschen, in den Zuckersirup geben und bei schwacher Hitze etwa 4 Stunden ziehen lassen. Dann die Zitronen im Sirup abkühlen lassen.

2 Für die Hummer in einem großen Topf reichlich Wasser zum Kochen bringen. Die Möhre putzen, schälen und in kleine Stücke schneiden. Den Sellerie putzen, waschen und ebenfalls in Stücke schneiden. Die Kräuter waschen, mit dem Gemüse und den Gewürzen in das Wasser geben und aufkochen.

3 Die Hummer mit Küchengarn zusammenbinden, in das kochende Wasser geben und zugedeckt 5 Minuten kochen lassen. Die Hummer herausheben und kalt abschrecken. Die Hummerschwänze mit einer gegenläufigen Drehbewegung vom Körper brechen. Die Panzer von unten her aufbrechen und das Schwanzfleisch herauslösen. Die Scheren vom Körper ziehen und die kleinere Scherenhälfte herausziehen. Auf das Ende der großen Hälfte mit dem Messerrücken klopfen, etwas aufbrechen und das Fleisch herausschütteln. Mit einer Zange die Beine aufknacken und das Fleisch auslösen.

4 Eine der beiden Sirupzitronen dünn schälen und die Schale in feine Streifen schneiden. Die andere Sirupzitrone so großzügig schälen, dass auch die weiße Haut mit entfernt wird, und die Fruchtfilets auslösen. Das Olivenöl in einer Pfanne erhitzen und die Zitronenfilets darin schwenken. Die Zitronenschalenstreifen dazugeben und den Fischfond angießen. Die Flüssigkeit bei mittlerer Hitze auf die Hälfte einkochen lassen.

5 Die Linguine in reichlich kochendem Salzwasser nach Packungsanweisung bissfest garen. In der Zwischenzeit das ausgelöste Hummerfleisch in die Zitronensauce geben und darin bei schwacher Hitze gar ziehen lassen.

6 Die Linguine abgießen und abtropfen lassen. Die Zitronenverbenenblätter in die Sauce geben, mit Fleu de Sel und Pfeffer würzen. Die Hummerstücke herausnehmen, die Schwänze längs aufschneiden und den Darm entfernen. Die anderen Stücke portionieren. Die Linguine mit der Zitronensauce mischen und mit dem Hummerfleisch auf Teller verteilen, den Parmesan darüberhobeln.

Johannes B. Kerner

» Sterneköche haben ja von vielem ihre ganz eigenen Vorstellungen, und in der Sendung passiert es manchmal, dass die Köche unter sich von den Gerichten ganz begeistert sind, während Menschen wie ich die Meinung des ›normalen Gasts‹ vertreten. Mir war der Hummer in der Sendung viel zu glasig, ich hätte gesagt, wenige Sekunden vorher war er noch roh. Deshalb haben wir die Garzeit in diesem Rezept etwas angepasst, und da der Hummer später noch einmal in der Zitronensauce zieht, bekommt er dann auch noch den letzten Schliff. «

Gebratener Steinbutt auf Melonen-Pfefferzwiebel-Sauté

Lydia Fikus

Zutaten für 4 Personen:

Für das Zitrusfumet:
je 1/2 Grapefruit, Orange und Limette
100 ml Süßwein (z. B. Sauternes)
100 ml Wermut
1/2 l Fischfond
200 g Sahne
2 EL Riesling
100 g Butter (in Stücken)
1 EL Limetten-Olivenöl
Meersalz
Pfeffer aus der Mühle
Tabasco

Für das Sauté:
1 Wassermelone
4 weiße milde Zwiebeln
Salz
12 Blätter Basilikum
2 EL Olivenöl
2 EL Butter
Pfeffer aus der Mühle
200 g Thai-Spargel

Für den Fisch:
800 g Steinbuttfilet
2 EL Öl zum Braten

1 Für das Zitrusfumet die Zitrusfrüchte auspressen und die Säfte mischen. 150 ml Saft abmessen und in einem kleinen Topf bei mittlerer Hitze auf 30 ml einköcheln lassen. Den Süßwein und den Wermut ebenfalls getrennt auf je 30 ml einköcheln lassen.

2 Den Fischfond, die Sahne, den Wein und die Reduktionen in einen Topf geben und bei mittlerer Hitze 5 Minuten köcheln lassen. Dann die Butter und das Olivenöl mit dem Stabmixer unterrühren. Das Fumet mit Salz, Pfeffer und Tabasco abschmecken und warm halten.

3 Für das Melonen-Pfefferzwiebel-Sauté die Melone halbieren oder vierteln, das Fruchtfleisch herauslösen, entkernen und in Würfel schneiden oder mit einem Kugelausstecher kleine Kugeln ausstechen.

4 Die Zwiebeln schälen und in feine Würfel schneiden. Die Zwiebelwürfel in einem Topf in kochendem Salzwasser 1 bis 2 Minuten blanchieren. In ein Sieb abgießen, kalt abschrecken und abtropfen lassen. Die Basilikumblätter in Streifen schneiden.

5 Das Olivenöl in einem Topf erhitzen und die Zwiebeln darin andünsten, mit Salz und Pfeffer kräftig abschmecken. Die Melonenstücke dazugeben und das Sauté zugedeckt gut warm halten. Kurz vor dem Servieren die Basilikumstreifen hinzufügen.

6 Den Spargel waschen und trocken tupfen, nur im unteren Drittel schälen und die holzigen Enden entfernen. In einer Pfanne die Butter zerlassen und den Spargel darin kurz andünsten.

7 Für den Fisch das Steinbuttfilet waschen, trocken tupfen und portionieren. Das Öl in einer Pfanne erhitzen und die Fischfilets darin auf jeder Seite etwa 2 Minuten braten. Das Sauté auf Teller verteilen, die Steinbuttfilets daraufsetzen und mit dem Zitrusfumet und dem Thai-Spargel servieren.

Johannes B. Kerner

» Dieses Rezept bringt mich darauf, Ihnen noch einmal ans Herz zu legen, dass man mit einem kleinen Werkzeug, das in den meisten Küchen fehlt, viele Gerichte optisch unheimlich aufwerten kann. So ein Ausstecher, der statt Melonenstücken auf einmal Melonenbällchen auf den Tisch zaubert, kostet nur ein paar Euro, Ihre Gäste werden aber schwer beeindruckt sein. Allerdings: Wenn Sie dieses komplexe Gericht auftischen, werden sie eh begeistert sein. Und dann ist es auch egal, welche Form Ihre Melonenstücke haben. «

Steinbutt in Limettenkruste mit Mango und Pekannuss-Sauce

Johann Lafer

Zutaten für 4 Personen:
1 Limette
1 Schalotte
3 Knoblauchzehen
3 EL Butter
200 ml Fischfond
100 g Sahne
Salz · Pfeffer aus der Mühle
Chili aus der Gewürzmühle
50 g Pekannüsse
(gemahlen und geröstet)
1 EL Sweet Chilisauce
2 Kaffir-Limettenblätter
100 g Butter
1 TL grobkörniger Senf
1 Eigelb
60 g Toastbrot
Saft von 1/2 Limette
Zucker
4 dicke Steinbuttfilets
(à ca. 150 g)
2 Zweige Thymian
4 EL Olivenöl
2 kleine Mangos

1 Für die Pekannuss-Sauce die Limette heiß waschen, trocken reiben und die Schale fein abreiben. Die Frucht halbieren und den Saft auspressen. Die Schalotte und 1 Knoblauchzehe schälen und in feine Würfel schneiden. Die Butter in einem Topf zerlassen und die Schalottenwürfel darin andünsten. Die Limettenschale und den Knoblauch hinzufügen und mitdünsten. Den Fischfond und den Limettensaft dazugießen und bei mittlerer Hitze auf die Hälfte einkochen lassen. Die Sahne hinzufügen und ebenfalls etwas einkochen lassen. Die Sauce mit dem Stabmixer schaumig aufschlagen, mit Salz, Pfeffer und Chili abschmecken. Die Pekannüsse und die Chilisauce dazugeben und die Sauce erneut aufmixen.

2 Für die Limettenkruste die Limettenblätter waschen, trocken tupfen und in möglichst feine Streifen schneiden. Die zimmerwarme Butter mit dem Senf und dem Eigelb schaumig schlagen, die Limettenblätterstreifen unterrühren. Das Toastbrot entrinden, im Blitzhacker zu feinen Bröseln zerhacken und unter die Limettenbutter heben. Mit Salz, Pfeffer, Limettensaft und 1 Prise Zucker abschmecken. Die Limettenmasse in einen Gefrierbeutel geben, mit dem Nudelholz dünn ausrollen und im Kühlschrank fest werden lassen.

3 Die Steinbuttfilets waschen und trocken tupfen. Die restlichen Knoblauchzehen schälen und halbieren, den Thymian waschen und trocken schütteln. In einer ofenfesten Pfanne 2 EL Olivenöl erhitzen und die Fischfilets darin mit dem Knoblauch und dem Thymian bei mittlerer Hitze auf beiden Seiten glasig braten. Mit Salz und Pfeffer würzen.

4 Den Backofengrill einschalten. Den Gefrierbeutel aufschneiden und die Limettenbutter in 4 Stücke in der Größe der Fischfilets schneiden. Auf die Filets legen und die Steinbuttfilets unter dem Backofengrill überbacken, bis die Limettenkruste goldbraun ist.

5 Die Mangos schälen und das Fruchtfleisch in großen Stücken vom Stein schneiden. Das restliche Olivenöl in einer Grillpfanne erhitzen und die Mangostücke darin auf beiden Seiten braten. Die überbackenen Steinbuttfilets mit den Mangostücken und der Pekannuss-Sauce anrichten, nach Belieben mit Korianderstielen garnieren.

Johannes B. Kerner

» Sind Sie ein Fan der asiatischen Küche? Dann MÜSSEN Sie dieses Gericht unbedingt nachkochen. Ein Geschmacksfeuerwerk aus süß, sauer und scharf, jede einzelne Komponente greift perfekt in die nächste. Übrigens: Limetten gibt es nur selten in Bio-Qualität. Deshalb ist es besonders wichtig, sie heiß zu waschen, bevor man die Schale abreibt. «

Steinbutt-Lachs-Rouladen im Kräutermantel auf bunten Linsen

Dieter Müller

Zutaten für 4 Personen:

Für die Rouladen:
600 g Steinbuttfilet
50 g gemischte Kräuter (Kerbel, Petersilie, Estragon, Basilikum und Thymian)
Salz · Pfeffer aus der Mühle
120 g Lachsfilet

Für die Farce:
1 EL gehackte, gemischte Kräuter
Salz
50 g Sahne (leicht angefroren)
einige Spritzer Zitronensaft
Pfeffer aus der Mühle

Für die Sauce:
2 cl Noilly Prat (franz. Wermut)
2 cl Weißwein
150 ml Fischfond
80 g Sahne
20 g Butter (in Stücken)
je 20 ml Oliven- und Zitronenolivenöl
2 EL violetter Senf
Salz · Pfeffer aus der Mühle

Für die Linsen:
1/2 EL Olivenöl
1 EL Schalottenwürfel
je 4 EL grüne, rote und gelbe Linsen (jeweils ca. 1 1/2 Tage vorher eingeweicht und abgetropft)
20 ml Fischfond
20 g kalte Butter (in Stücken)
1 Spritzer Aceto bianco
Salz · Pfeffer aus der Mühle

1 Für die Rouladen den Steinbutt waschen, trocken tupfen und in 2 Scheiben à etwa 14 x 12 cm Größe und etwa 1/2 cm Dicke schneiden, zugedeckt kühl stellen. Die Steinbuttfiletreste im Tiefkühlfach leicht anfrieren lassen. Die Kräuter waschen und trocken schütteln, die Blätter abzupfen und hacken.

2 Für die Farce von den angefrorenen Steinbuttfiletresten 50 g abwiegen und mit den gehackten Kräutern und 1 Prise Salz im Küchenmixer fein pürieren. Die angefrorene Sahne hinzufügen und alles zu einer glänzenden Farce weiterpürieren. Mit Zitronensaft, Salz und Pfeffer abschmecken.

3 Die zugeschnittenen Steinbuttfilets auf Frischhaltefolie legen, mit Salz und Pfeffer würzen und jeweils eine dünne Schicht Farce daraufstreichen. Den Lachs waschen, trocken tupfen, mit Salz würzen und in fingerdicke Quadrate schneiden. Die Lachsstücke quer auf die Steinbuttfilets legen und die Filets zu einer Roulade aufrollen. Die Rouladen vorsichtig in den Kräutern wälzen und zuerst in Frischhalte-, dann in Alufolie einwickeln, die überstehenden Folienenden fest eindrehen. Die eingepackten Rouladen in einem Topf in leicht kochendem Wasser 8 Minuten garen. Herausheben, eingepackt warm halten.

4 Für die Sauce den Noilly Prat und den Wein in einem Topf etwas einköcheln lassen. Den Fischfond und die Sahne dazugießen und nochmals etwas einköcheln lassen. Nach Belieben mit etwas angerührter Stärke leicht binden. Die Butter und beide Ölsorten mit dem Stabmixer unterrühren. Die Sauce durch ein Sieb passieren und mit Salz und Pfeffer abschmecken. Kurz vor dem Servieren den Senf dazugeben, die Sauce erhitzen und aufmixen.

5 Für die Linsen das Olivenöl in einer tiefen Pfanne erhitzen und die Schalottenwürfel darin glasig dünsten. Die grünen Linsen und den Fond dazugeben und etwa 3 Minuten köcheln lassen. Die kalte Butter unterrühren. Gelbe und rote Linsen unterrühren und 2 Minuten köcheln lassen. Die Linsen mit Essig, Salz und Pfeffer abschmecken. Zum Anrichten die Linsen auf vier vorgewärmte Teller verteilen. Die Steinbuttrouladen auswickeln, quer halbieren, auf die Linsen legen und rundum mit der Senfsauce beträufeln.

Johannes B. Kerner

» Die Aufregung war groß: Dieter Müller hat tatsächlich zugesagt, drei Sterne finden den Weg in unser Kochstudio. Einer der besten Köche des Landes bringt nicht nur all sein Können, sondern auch all seine Zutaten mit. Und wie Sterneköche oft sind, wollte uns auch Dieter Müller keine Alternative zum violetten Senf verraten. Der sei schließlich das Geheimnis der Sauce. Allerdings hat er uns auch beruhigt – der Senf ist gar nicht so schwer zu bekommen, wie man denkt. Mittlerweile gibt es ihn nicht nur im Internet, sondern auch in gutsortierten Supermärkten. «

Sankt Petersfisch mit Fenchel und Oliven-Crostini

Mario Kotaska

Zutaten für 4 Personen:
2 Fenchelknollen
2 Schalotten
1 rote Paprikaschote
200 g schwarze Kalamata-Oliven (ohne Stein)
8 Kirschtomaten
Salz · Pfeffer aus der Mühle
Zucker
frisch geriebene Muskatnuss
4 cl Noilly Prat (franz. Wermut)
1 Knoblauchknolle
1 Sankt Petersfisch (1 1/2–2 kg; küchenfertig)
10 Lorbeerblätter
10 Zweige Thymian
2 Zweige Rosmarin
Olivenöl
1 Baguette

1 Den Fenchel putzen, waschen, halbieren und den Strunk entfernen, die Fenchelhälften auf der Gemüsereibe fein hobeln. Die Schalotten schälen und in feine Würfel schneiden. Die Paprikaschote längs halbieren, entkernen, waschen und in feine Streifen schneiden. Die Hälfte der Oliven und die Tomaten halbieren und alle Zutaten in einer Schüssel mischen. Mit Salz, Pfeffer, Zucker und Muskatnuss würzen, den Noilly Prat hinzufügen und die Mischung 4 bis 5 Stunden ziehen lassen.

2 Den Backofen auf 180 °C vorheizen. Die Knoblauchknolle in die einzelnen Zehen teilen, die Knoblauchzehen schälen und halbieren. Den Fisch waschen und trocken tupfen, innen und außen mit Salz und Pfeffer würzen. Die Haut auf jeder Seite 5-mal einschneiden und in die Schnitte jeweils 1 Lorbeerblatt und 1/2 Knoblauchzehe stecken, 1 Knoblauchzehe beiseitelegen.

3 Einen Bratschlauch auf die passende Größe zuschneiden, öffnen und das Fenchelgemüse hineingeben. Den Fisch vorsichtig auf das Gemüsebett legen, den Schlauch leicht aufblasen und zubinden. Den Fisch im vorgeheizten Backofen auf der mittleren Schiene 15 bis 20 Minuten garen.

4 Inzwischen die Kräuter waschen und trocken schütteln, die Blätter bzw. Nadeln abzupfen und fein hacken. Die restlichen Oliven mit den Kräutern in einen hohen Rührbecher geben und mit dem Stabmixer zu einer glatten Paste pürieren, dabei nach und nach 8 bis 10 EL Olivenöl dazugießen. Das Baguette in Scheiben schneiden. In einer Pfanne 4 bis 6 EL Olivenöl erhitzen und die Brotscheiben darin auf beiden Seiten goldbraun rösten. Die Brote mit der übrigen Knoblauchzehe einreiben und mit der Olivenpaste bestreichen. Den Fisch aus dem Ofen nehmen und filetieren, mit dem Fenchelgemüse und etwas Bratensaft auf Tellern anrichten. Mit den Oliven-Crostini servieren.

Johannes B. Kerner

» Der Fisch war einfach zu groß, um in der Sendung rechtzeitig gar zu werden. Mario war darüber sehr enttäuscht, was seinen Ehrgeiz zeigt und ihn natürlich auch unheimlich sympathisch macht. Ich finde, dass so etwas für die Zuschauer ganz wichtig ist: Selbst den Profis gelingt nicht alles, schon gar nicht in der vorgegebenen Zeit der Sendung bzw. des jeweiligen Gangs. Ein zusätzliches Problem: Irgendetwas Spitzes am Fisch – sei es eine Gräte oder ein Zahn – hatte wohl den Bratschlauch beschädigt, wodurch dieser seine eigentliche Funktion nicht mehr erfüllen konnte. Einen Teil des Fisches hat Mario am Ende der Sendung noch einmal nachgegart – und was soll ich sagen? Wir sollten immer einen Bratschlauch im Haus haben, wenn ein Petersfisch zu Besuch kommt. «

Seezungenfilets »bonne femme« Lea Linster mit Champignons und Nordseekrabben

Zutaten für 4 Personen:
4 Seezungen (à ca. 800 g)
2 Schalotten
8 große weiße Champignons
90 g Butter (davon 3 EL kalt)
200 ml Champagner
1/2 l Geflügelfond
Salz · Pfeffer aus der Mühle
1 EL geschlagene Sahne
150 g Nordseekrabben (vorgegart)
2 EL Kerbelblätter

1 Die Seezungen häuten und filetieren. Die Filets parieren, d. h. von Häuten, Gräten und unerwünschtem Fett befreien. Häute und Gräten für den Sud beiseitelegen. Die Filets waschen, trocken tupfen und vorsichtig plätten (das geht am besten mit einem Küchenbeil). Bis zur Weiterverarbeitung in den Kühlschrank stellen.

2 Die Schalotten schälen und in feine Würfel schneiden. Die Champignons putzen und mit Küchenpapier trocken abreiben, dabei die Stiele abtrennen. Die Champignonhüte zunächst in feine Scheiben und dann in feine Streifen schneiden. Die Stiele klein hacken.

3 In einem Topf 2 EL Butter zerlassen, die Schalottenwürfel und die gehackten Champignonstiele darin leicht andünsten. Mit der Hälfte des Sekts ablöschen und den Geflügelfond angießen. Die Fischhäute und -gräten hinzufügen und alles bei schwacher Hitze 15 bis 20 Minuten köcheln lassen. Dann durch ein feines Sieb in einen Topf passieren.

4 Die Champignonsauce etwas einkochen lassen und die kalte Butter mit dem Stabmixer unterschlagen. Die Sauce mit Salz, Pfeffer und nach Belieben 2 Spritzern Zitronensaft abschmecken.

5 In einer Pfanne 2 EL Butter zerlassen und die Champignonstreifen darin kurz anbraten. Mit Salz und Pfeffer würzen. Die restliche Butter in einer zweiten Pfanne zerlassen und die Seezungenfilets darin bei mittlerer Hitze auf einer Seite braten. Anschließend wenden, nach etwa 10 Sekunden den restlichen Sekt dazugeben und die Fischfilets fertig garen.

6 Den Sud aus der Fischpfanne in die Champignonsauce geben. Diese noch einmal kurz aufkochen und die Sahne unterheben. Die Seezungenfilets auf Küchenpapier abtropfen lassen.

7 Zum Anrichten die Pilzstreifen jeweils in die Tellermitte geben, die Filets darauflegen und mit den Nordseekrabben garnieren. Die Sauce um die Fischfilets herum verteilen und alles mit den Kerbelblättern bestreuen.

Johannes B. Kerner

» Für diesen Klassiker der französischen Küche gilt: Sterneküche muss nicht zwangsläufig eine Zutatenliste von 42 Positionen haben und so kompliziert sein, dass man schon beim Lesen denkt: ›Das nachzukochen schaff ich doch eh nicht!‹ Die Seezunge kann man sich ja vom Fischhändler seines Vertrauens bereits filetieren lassen, und statt Champagner tut es auch Sekt. «

Gefüllte Dorade mit Risotto milanese

Johann Lafer

Zutaten für 4 Personen:

Für die Doraden:
2 Doraden rosé
(à 500 g; küchenfertig)
3–4 Scheiben Toastbrot
2 Schalotten
3 Knoblauchzehen
3 EL Olivenöl
30 g schwarze Oliven
(ohne Stein)
3 getrocknete Tomaten
(in Olivenöl)
je 1/2 EL gehackter Thymian
und Rosmarin
7 EL Olivenöl con limone
1 Eigelb
Salz · Pfeffer aus der Mühle
Mehl zum Wenden
je 1 Zweig Thymian und
Rosmarin
2 EL Butter

Für den Risotto:
2 Schalotten
6 EL Butter
250 g Risottoreis
1 TL Safranfäden
100 ml Weißwein
800 ml heißer Geflügelfond
Salz · Pfeffer aus der Mühle
40 g geriebener Parmesan

1 Die Doraden innen und außen waschen und trocken tupfen. Das Fischfleisch am Rücken von jeder Seite bis zur Mittellinie hin vorsichtig mit einem scharfen Messer von den Gräten lösen.

2 Für die Füllung das Toastbrot entrinden und in Würfel schneiden. Die Schalotten und 2 Knoblauchzehen schälen und in feine Würfel schneiden. In einer Pfanne 2 EL Olivenöl erhitzen, Schalotten und Knoblauch darin goldbraun braten. Die Toastbrotwürfel hinzufügen und ebenfalls goldbraun braten. Die Toastbrotmischung vom Herd nehmen.

3 Die Oliven und die getrockneten Tomaten fein hacken. Mit gehacktem Thymian, Rosmarin, 2 EL Olivenöl con limone und dem Eigelb zu der Toastbrotmischung geben. Alles verkneten und mit Salz und Pfeffer würzen.

4 Die Doraden in den Einschnitten mit 1 EL Olivenöl bestreichen und die Füllung mit einem Löffel hineingeben. Die Fische mit Küchengarn umwickeln mit Salz und Pfeffer würzen und in etwas Mehl wenden.

5 Für den Risotto die Schalotten schälen und in feine Würfel schneiden. In einem Topf 2 EL Butter zerlassen und die Schalotten darin andünsten. Den Reis und die Safranfäden hinzufügen und kurz mitdünsten. So viel Wein angießen, dass der Reis gerade bedeckt ist, und bei schwacher Hitze einkochen lassen. Den restlichen Wein unter Rühren fast völlig vom Reis aufnehmen lassen. Dann ein Drittel des heißen Geflügelfonds dazugießen und unter Rühren köcheln lassen, bis der Reis die Flüssigkeit beinahe vollständig aufgenommen hat. So weiterverfahren, bis der Fond verbraucht ist. Mit Salz und Pfeffer würzen, die restliche Butter und den Parmesan unterrühren.

6 Zum Braten der Doraden Thymian und Rosmarin waschen und trocken schütteln. In einer beschichteten Pfanne 5 EL Olivenöl con limone erhitzen und die Doraden darin mit der restlichen angedrückten Knoblauchzehe und den Kräutern auf beiden Seiten 3 bis 4 Minuten kross braten, dabei immer wieder mit dem Öl übergießen. Zuletzt die Butter dazugeben und die Doraden damit glasieren. Zum Servieren die Doradenfilets mit der Füllung von den Gräten lösen und mit dem Risotto milanese anrichten. Den Reis nach Belieben mit grob gehobelten Parmesanspänen und Salbeiblättern bestreuen.

Johannes B. Kerner

» Beim Risottokochen ist das ständige Rühren gar nicht das Entscheidende. Von Johann weiß ich, worauf es wirklich ankommt: auf den heißen Fond. Denn nur wenn immer wieder heiße Flüssigkeit dazukommt, kann der Reis ungestört garen, kühlt nicht ständig ab und wird so schön sämig, wie es sich für einen richtigen Risotto gehört. «

Gebratenes Doradenfilet mit Safrantomaten in Chorizo-Sud

Alexander Herrmann

Zutaten für 4 Personen:
4 Doradenfilets (mit Haut)
Salz · Pfeffer aus der Mühle
1 EL Mehl
6 EL Olivenöl
1 Zweig Rosmarin
1 1/2 Knoblauchzehen
5 Schalotten
1/2 TL Paprikapulver (edelsüß)
200 ml trockener Weißwein
300 ml Gemüsebrühe
Saft und abgeriebene Schale
von 1/2 unbehandelten Zitrone
1 1/2 EL Süßrahmbutter
150 g dünn geschnittene
Chorizo (span. Paprikawurst)
1 EL gehackter Estragon
4 Strauchtomaten
18 Safranfäden

1 Die Doradenfilets waschen und trocken tupfen, die Haut mehrmals quer einritzen. Die Filets auf beiden Seiten mit Salz und Pfeffer würzen und nur die Hautseite leicht mit Mehl bestäuben. In einer Pfanne 2 EL Olivenöl erhitzen und die Doradenfilets darin auf der Hautseite bei mittlerer Hitze braten. Den Rosmarin waschen und trocken schütteln, nach etwa 7 Minuten mit 1 angedrückten Knoblauchzehe in die Pfanne geben und die Fischfilets weitere 4 Minuten fertig braten.

2 Für den Chorizo-Sud 2 Schalotten schälen und in Streifen schneiden. In einem Topf 2 EL Olivenöl erhitzen und die Schalotten darin andünsten. Das Paprikapulver darüberstäuben, den Wein und die Brühe dazugeben. Die restliche 1/2 geschälte Knoblauchzehe andrücken und hinzufügen, und die Flüssigkeit um ein Drittel einköcheln lassen. Mit dem Stabmixer pürieren. Den Sud durch ein Sieb gießen, mit Salz, Pfeffer, Zitronensaft und -schale würzig abschmecken. Die Butter und 1 EL Olivenöl hinzufügen und den Sud mit dem Stabmixer schaumig aufschlagen. Die Chorizo in Streifen schneiden und mit dem Estragon in den Sud geben.

3 Für die Safrantomaten die Tomaten kreuzweise einritzen, überbrühen, häuten, vierteln und entkernen, das Fruchtfleisch in Würfel schneiden. Die restlichen Schalotten schälen und in feine Würfel schneiden. In einer Pfanne 1 EL Olivenöl erhitzen und die Schalotten darin andünsten. Die Tomatenwürfel, den Safran, Salz und Pfeffer dazugeben und alles 60 bis 90 Sekunden bei mittlerer Hitze braten.

4 Den Chorizo-Sud auf tiefe Teller verteilen und die Safrantomaten sofort darübergeben, die kross gebratenen Doradenfilets daraufsetzen.

Johannes B. Kerner

» Paprika- oder Chili-Salami gibt es viele. Versuchen Sie aber bitte gar nicht erst, für dieses Gericht eine andere Wurst als Chorizo zu nehmen. Der Grund ist ganz einfach: Nur spanisches Paprikapulver, eben solches, mit dem auch Chorizos gewürzt werden, hat einen rauchigen Geschmack, da die Schoten vor dem Trocknen über Eichenholz geräuchert werden. «

Siebzigerjahre-Zander auf Meerrettichwirsing

Alfons Schuhbeck

Zutaten für 4 Personen:

Für den Wirsing:
1 kleiner Kopf Wirsing
Salz
200 g Sahne
2–3 EL Sahnemeerrettich
(aus dem Glas)
3 EL kalte Butter
Cayennepfeffer
frisch geriebene Muskatnuss
1 EL gehackte Petersilie

Für den Fisch:
4 Zanderfilets
(à ca. 120 g; mit Haut)
1 EL Öl
Salz · Pfeffer aus der Mühle

1 Für den Meerrettichwirsing den Wirsing putzen und in die einzelnen Blätter teilen, die Blätter halbieren und dabei die harten Rippen entfernen. Die Blätter waschen und in kochendem Salzwasser einige Minuten bissfest blanchieren. In ein Sieb abgießen, kalt abschrecken und abtropfen lassen. Die Wirsingblätter mit den Händen gut ausdrücken und in kleine Rauten schneiden.

2 Den Wirsing mit 100 g Sahne in einer Pfanne erhitzen. Die restliche Sahne mit dem Sahnemeerrettich gut mischen und hinzufügen. Die Butter unterrühren und schmelzen lassen. Den Meerrettichwirsing mit Salz und jeweils 1 Prise Cayennepfeffer und Muskatnuss abschmecken.

3 Für den Fisch die Zanderfilets waschen und trocken tupfen. Das Öl in einer Pfanne erhitzen und die Filets darin auf der Hautseite bei mittlerer Hitze 3 bis 4 Minuten kross anbraten. Die Pfanne vom Herd nehmen, die Zanderfilets wenden und in der Resthitze glasig durchziehen lassen. Die Fischfilets aus der Pfanne nehmen, auf Küchenpapier abtropfen lassen und mit Salz und Pfeffer würzen.

4 Den Meerrettichwirsing mit der Petersilie bestreuen, auf Teller verteilen und den gebratenen Zander daraufsetzen.

Johannes B. Kerner

» Das Motto der Sendung war ›Retroküche – typische Gerichte der vergangenen Jahrzehnte‹, und der ›Siebzigerjahre-Zander‹ war Alfons' erster Auftritt bei uns. Es war auch das erste Mal, dass uns ein Koch erklärt hat, wie man Fisch perfekt zubereitet: nämlich zuerst auf der Hautseite bei mittlerer Hitze anbraten, dann wenden, vom Herd nehmen und nur in der Resthitze gar ziehen lassen. So wird der Fisch wunderbar saftig. Es war außerdem das erste Mal, dass einer in tiefstem Bayerisch ›Wirsching‹ statt ›Wirsing‹ sagte. Und es war nicht das letzte Mal, dass wir Alfons in die Sendung einluden. «

Johanns Green Curry mit Red Snapper und Garnelen

Johann Lafer

Zutaten für 4 Personen:
50 g Koriandergrün
(mit Wurzel)
2 Schalotten
2 Knoblauchzehen
50 g Galgantwurzel
6 große grüne Chilischoten
1 TL Garnelenpaste
1/8 l Pflanzenöl
3 Stangen Zitronengras
3 Kaffir-Limettenblätter
1 EL Korianderkörner
1/2 l Kokosmilch
Salz · Zucker · Sojasauce
200 g Seeteufelmedaillons
200 g Red-Snapper-Filets
8 Riesengarnelen
(küchenfertig)
70 g Zuckerschoten
70 g Tiefkühl-Erbsen
70 g Möhren
Thai-Basilikumblätter
zum Garnieren

1 Für die Würzpaste das Koriandergrün samt Wurzeln waschen und trocken schütteln. Schalotten, Knoblauch und Galgant schälen und klein schneiden. Die Chilischoten längs halbieren, entkernen und waschen. Die vorbereiteten Zutaten mit der Garnelenpaste und dem Öl in den Küchenmixer geben und zu einer feinen Paste pürieren.

2 Das Zitronengras putzen, die äußeren Blätter und die obere, trockene Hälfte entfernen, das Helle in feine Streifen schneiden. Die Limettenblätter waschen und trocken tupfen, die Korianderkörner im Mörser fein zerstoßen. Die Kokosmilch im Wok zum Kochen bringen, Zitronengras, Limettenblätter, zerstoßenen Koriander, Salz, Zucker und – je nach Geschmack – etwas Sojasauce dazugeben. Den Wok vom Herd nehmen und die gewürzte Kokosmilch etwa 10 Minuten ziehen lassen.

3 Je nach Geschmack die gewünschte Menge der selbst gemachten Würzpaste mit dem Stabmixer unterrühren. Die gewürzte Kokosmilch durch ein Sieb passieren und zurück in den Wok geben.

4 Die Seeteufelmedaillons, die Red-Snapper-Filets und die Garnelen waschen und trocken tupfen, den Red Snapper in Streifen schneiden. Den Fisch und die Garnelen in den Wok geben und in der Kokosmilch etwa 5 Minuten gar ziehen lassen.

5 Die Zuckerschoten putzen, waschen und mit den Erbsen in kochendem Salzwasser etwa 4 Minuten blanchieren. In ein Sieb abgießen, kalt abschrecken und abtropfen lassen. Die Möhren putzen, schälen und in möglichst feine Streifen schneiden. Das vorbereitete Gemüse in den Wok geben und kurz in der Kokosmilch erwärmen. Zum Servieren das Curry mit Thai-Basilikum garnieren. Dazu passt am besten Basmatireis.

Johannes B. Kerner

» Ich liebe Currys, besonders thailändische, sowohl grüne als auch rote. Und dieses hier zeigt, dass auch Johann sie liebt, wie er überhaupt einen Hang zum Asiatischen hat. Noch besser als dieses Curry ist nur das von unserem Redaktionsleiter Markus, sagt Markus. «

Gespickter Seeteufel auf Kirschtomaten-Fondue

Cornelia Poletto

Zutaten für 4 Personen:

Für den Fisch:
2 Knoblauchzehen
1 Zweig Rosmarin
1 Seeteufel
(ca. 1 kg; küchenfertig)
Salz
4 EL Olivenöl

Für das Tomaten-Fondue:
400 g Kirschtomaten
2 Bund Frühlingszwiebeln
1 Knoblauchzehe
1 rote Chilischote
1 Bund Basilikum
2 EL Olivenöl
3–4 EL pürierte Tomaten
Zucker · Meersalz
Pfeffer aus der Mühle

1 Für den Fisch den Backofen auf 160 °C vorheizen. Den Knoblauch schälen und in Stifte schneiden. Den Rosmarin waschen, trocken schütteln und die Nadeln abzupfen. Den Seeteufel waschen, trocken tupfen, mit den Knoblauchstiften und den Rosmarinnadeln spicken und leicht mit Salz würzen.

2 Das Olivenöl in einer großen ofenfesten Pfanne erhitzen und den Seeteufel darin auf beiden Seiten anbraten. Dann im vorgeheizten Backofen auf der mittleren Schiene 10 bis 15 Minuten garen.

3 Für das Tomaten-Fondue die Kirschtomaten waschen und halbieren. Die Frühlingszwiebeln putzen, waschen und in Ringe schneiden. Den Knoblauch schälen und in feine Scheiben schneiden. Die Chilischote längs halbieren, entkernen, waschen und in feine Streifen schneiden. Das Basilikum waschen, trocken schütteln und die Blätter abzupfen.

4 Das Olivenöl in einer Pfanne erhitzen und die Frühlingszwiebeln darin andünsten. Den Knoblauch kurz mitdünsten, dann Tomaten und Chili dazugeben. Das Fondue bei schwacher Hitze einige Minuten ziehen lassen.

5 Die pürierten Tomaten unter das Fondue mischen und mit 1 Prise Zucker, Salz und Pfeffer würzen. Die Basilikumblätter in Streifen schneiden und unterheben. Nach Belieben 100 g in Streifen geschnittene getrocknete Tomaten und 50 g schwarze Oliven dazugeben.

6 Die Seeteufelfilets parallel zur Mittelgräte herausschneiden und portionieren. Das Kirschtomaten-Fondue auf Teller verteilen und die Seeteufelfilets darauf anrichten.

Johannes B. Kerner

» Natürlich muss man tief in die Tasche greifen, wenn man einen Seeteufel in dieser Größe auf den Tisch bringen will. Aber auch ein, zwei kleine Medaillons werden, gespickt mit Knoblauchstiften und Rosmarinnadeln, zu genau dem Ergebnis führen, das Cornelia sich ausgedacht hat. Der Fisch schmeckt so herrlich aromatisch, dass es im Grunde egal ist, ob man die begleitende Tomatensauce Kirschtomaten-Fondue nennt oder eine andere Beilage dazu reicht. «

Seeteufelbraten mit Oliven-Schokoladensauce

Martin Baudrexel

Zutaten für 4 Personen:

Für die Sauce:
50 g Blockschokolade
(80 % Kakaoanteil)
1 1/2 EL alter Aceto balsamico
1 TL Dijon-Senf
4 EL Olivenöl
50 g schwarze Kalamata-Oliven
(ohne Stein)
Salz · Pfeffer aus der Mühle
Cayennepfeffer
Zitronensaft

Für den Kartoffelrisotto:
500 g große festkochende
Kartoffeln
2 säuerliche Äpfel
1 Zwiebel
1 EL Butter
Salz · Zucker
100 ml trockener Weißwein
1 frisches Lorbeerblatt
ca. 400 ml heiße Geflügel-
oder Gemüsebrühe
je 1 Bund Basilikum und Dill
2 EL Sahne
Pfeffer aus der Mühle
frisch geriebene Muskatnuss

Für den Fisch:
800 g Seeteufelfilet (mit Haut)
Salz · Pfeffer aus der Mühle
1 Knoblauchzehe
2 Zweige Rosmarin
6 Navetten (Mairüben)
2 Schalotten · 1 EL Olivenöl
abgeriebene Schale von
1/2 unbehandelten Zitrone
2 Bund Rucola

1 Für die Sauce die Schokolade grob hacken. In einer Schüssel im heißen Wasserbad schmelzen und etwas abkühlen lassen. Inzwischen den Essig mit dem Senf und dem Olivenöl verrühren. Die Oliven mit dem Stabmixer unterrühren und die Sauce mit Salz, Pfeffer, 1 Prise Cayennepfeffer und 1 Spritzer Zitronensaft abschmecken. Die Schokolade unter die Olivensauce rühren.

2 Für den Kartoffelrisotto die Kartoffeln schälen, waschen und in sehr kleine Würfel schneiden. Die Äpfel waschen, vierteln und die Kerngehäuse entfernen. Die Apfelviertel ebenfalls in sehr kleine Würfel schneiden. Die Zwiebel schälen und in feine Würfel schneiden. Die Butter in einem Topf zerlassen und die Zwiebel darin glasig dünsten. Mit je 1 Prise Salz und Zucker würzen und mit dem Wein ablöschen. Die Kartoffelwürfel dazugeben und unter Rühren andünsten. Das Lorbeerblatt hinzufügen und so viel heiße Brühe angießen, dass die Kartoffeln gerade bedeckt sind. Bei schwacher Hitze unter Rühren einkochen lassen und so weiterverfahren, bis die Kartoffeln gar sind. Die restliche Brühe beiseitestellen und den Topf vom Herd nehmen.

3 Für den Fisch den Backofen auf 160 °C vorheizen. Das Fischfilet von der Haut befreien, waschen, trocken tupfen und mit Salz und Pfeffer würzen. Den ungeschälten Knoblauch andrücken, den Rosmarin waschen, trocken schütteln und die Nadeln abzupfen. Die Navetten putzen, schälen und in Stücke schneiden. Die Schalotten schälen und in feine Würfel schneiden. Das Olivenöl in einer großen ofenfesten Pfanne erhitzen und das Fischfilet darin mit Knoblauch und Rosmarin rundum anbraten. Die Zitronenschale darauf verteilen und den Fisch mit Alufolie zudecken. Die Navetten und die Schalotten zum Fisch geben und alles im vorgeheizten Backofen etwa 12 Minuten garen.

4 Basilikum und Dill waschen, trocken schütteln und fein hacken. Den Kartoffelrisotto kurz erwärmen und die Sahne untermischen. Den Risotto mit Salz, Pfeffer und Muskatnuss abschmecken und die Kräuter untermischen.

5 Den Rucola putzen, waschen und trocken schütteln, grobe Stiele entfernen. Den Fisch aus der Pfanne nehmen und die Navetten und mit der restlichen Brühe einmal kurz aufkochen. Dann den Rucola hinzufügen und kurz durchschwenken. Den Seeteufel in Scheiben schneiden und mit den Navetten auf dem Kartoffelrisotto anrichten. Die Teller rundum mit der Oliven-Schokoladensauce beträufeln.

Johannes B. Kerner

» Als ich diese Zutatenliste im Vorfeld gelesen habe, habe ich gedacht: Das hört sich interessant an. Aber mehr als das! Die Kombinationen, z. B. Schokolade und Olivenpaste, funktionieren überraschend gut. Mehr verschiedene Geschmacksrichtungen auf einmal gehen kaum. «

Fischstäbchen mit Kopfsalat-Pesto

Alfons Schuhbeck

Zutaten für 4 Personen:
Für das Pesto:
80 g Blattspinat
Salz · 4 EL Butter
80 g Kopfsalatblätter (oder Kräuterblätter wie Basilikum oder Bärlauch)
1/2 Knoblauchzehe
1 TL geriebener Parmesan
1 TL Mandelblättchen
80 ml Olivenöl
einige Spritzer Zitronensaft
1 Msp. abgeriebene unbehandelte Zitronenschale
Für die Fischstäbchen:
4 Zanderfilets (à 150 g)
8 Scheiben dunkles Brot (hauchdünn geschnitten; vom Vortag)
Salz · Pfeffer aus der Mühle
1 EL Dijon-Senf
4 EL Olivenöl

1 Für das Pesto den Spinat verlesen, waschen und abtropfen lassen, grobe Stiele entfernen. Den Spinat in kochendem Salzwasser blanchieren, in ein Sieb abgießen, kalt abschrecken und abtropfen lassen. Die Spinatblätter mit den Händen gut ausdrücken, grob zerkleinern und in den Küchenmixer geben.

2 Die Butter in einem kleinen Topf langsam erhitzen, bis sie goldbraun ist und ein nussiges Aroma hat. Den Topf vom Herd nehmen, die Butter durch ein mit Küchenpapier ausgelegtes Sieb gießen und abkühlen lassen.

3 Die Salatblätter waschen, trocken schleudern und in Streifen schneiden. Den Knoblauch schälen und in Scheiben schneiden. Die Salatstreifen und die Knoblauchscheiben mit Parmesan, Mandeln, Olivenöl und der braunen Butter zum Spinat in den Mixer geben. Mit dem Zitronensaft und der -schale sowie Salz und Pfeffer würzen und alles zu einem glatten Pesto mixen.

4 Für die Fischstäbchen die Zanderfilets waschen, trocken tupfen und etwas kleiner als die Brotscheiben zurechtschneiden. Die Filets auf beiden Seiten mit Salz und Pfeffer würzen und mit Senf bestreichen. Je 1 Fischfilet zwischen 2 Brotscheiben legen und das Brot fest andrücken.

5 Die Zanderfilet-»Sandwiches« mit einem scharfen Messer in 2 bis 2 1/2 cm breite Streifen schneiden. Das Olivenöl in einer Pfanne erhitzen und die Fischstäbchen darin bei mittlerer Hitze auf beiden Seiten insgesamt 4 bis 5 Minuten kross braten. Aus der Pfanne nehmen und auf Küchenpapier abtropfen lassen. Die Fischstäbchen auf Teller verteilen und mit dem Kopfsalat-Pesto servieren. Dazu passt ein gemischter Blattsalat.

Johannes B. Kerner

» Stellen Sie sich gut mit Ihrem Bäcker, bauen Sie ein freundschaftliches Verhältnis zu ihm auf. Er wird dann Brot für Sie aufbewahren und es am Folgetag auch noch mit seiner Profi-Schneidemaschine hauchdünn aufschneiden. Und dann kann der Tiefkühl-Käpt'n Ihrer Wahl einpacken. Denn das, was wir an Fischstäbchen lieben, ist doch, dass sie außen knusprig und innen saftig sind. Und diese hier erfüllen dieses Kriterium perfekt. «

Königliche Garnelen
mit Melonen-Gurken-Salat

Zutaten für 4 Personen:
12–15 King Prawns
(Riesengarnelen mit Kopf
und Schale)
2 Knoblauchzehen
ca. 2 1/2 EL Olivenöl
1 Stück Sternanis
1 EL Tomatenmark
ca. 200 ml weißer Portwein
3/4 l Geflügelbrühe
Salz · Pfeffer aus der Mühle
1 Salatgurke
1 Orange-Flash-Melone
(Honigmelone mit orange-
farbenem Fruchtfleisch)
12 Basilikumblätter
1 unbehandelte Zitrone
Zucker
1 Stange Lauch
1 EL gehackte Kräuter
der Provence
1 TL Paprikapulver (extrascharf)
1 TL Cayennepfeffer

1 Die Riesengarnelen schälen, den Kopf abschneiden, die Garnelen längs halbieren und den schwarzen Darm entfernen. Die Garnelen waschen, trocken tupfen und kühl stellen. Von 8 Riesengarnelen die Köpfe und Schalen grob hacken. Den Knoblauch schälen und in Würfel schneiden. In einer tiefen Pfanne 1 EL Olivenöl erhitzen und die Riesengarnelenköpfe und -schalen mit Knoblauch und Sternanis darin anrösten. Das Tomatenmark dazugeben und kurz mitrösten. Mit dem Portwein ablöschen, dann die Brühe angießen und alles etwa 10 Minuten köcheln lassen. Das Garnelensüppchen mit Salz und Pfeffer abschmecken, durch ein mit einem Küchentuch ausgelegtes Sieb passieren und abkühlen lassen.

2 Für den Salat die Gurke und die Melone halbieren und mit einem Löffel jeweils die Kerne entfernen. Mit einem Kugelausstecher kleine Kugeln aus dem Gurken- und Melonenfleisch ausstechen. Oder die Gurke und die Melone schälen und das Fruchtfleisch in etwa 1 cm große Würfel schneiden.

3 Das Basilikum waschen und trocken tupfen, die Blätter abzupfen und klein schneiden. Die Zitrone heiß waschen, trocken reiben und die Schale fein abreiben. Die Zitrone halbieren und auspressen. Die Gurke und die Melone mit dem Basilikum, einigen Tropfen Olivenöl, der Zitronenschale und dem -saft sowie 1 Prise Zucker abschmecken und etwas marinieren lassen.

4 Den Lauch putzen, waschen und in sehr feine Streifen schneiden. Das restliche Olivenöl in einer Pfanne erhitzen und den Lauch darin bei mittlerer Hitze anbraten, mit Salz und Pfeffer würzen. Aus den Kräutern der Provence, dem Paprikapulver und dem Cayennepfeffer eine Gewürzmischung herstellen. Die Garnelen mit der Gewürzmischung und etwas Salz würzen, in die Pfanne geben und bei starker Hitze etwa 2 Minuten glasig braten. Zum Anrichten den Melonen-Gurken-Salat auf Schälchen verteilen, das kalte Garnelensüppchen darübergeben und die Garnelen daraufsetzen.

Johannes B. Kerner

» Wer mag, kann etwas von dem verbleibenden Melonenfleisch pürieren und zu der kalten Suppe geben – dann bekommt sie eine fruchtige Note und mildert noch etwas die Schärfe der Garnelen. Dann sollte man die Suppe noch einmal durch ein Sieb passieren. «

Hotdog mit Garnelenwürstchen

Mario Kotaska

Zutaten für 4 Personen:
400 g Garnelen (küchenfertig)
300 g Sahne
3 Knoblauchzehen
Salz · Pfeffer aus der Mühle
50 g Korianderkörner
(geröstet; in einer Gewürzmühle)
1–1 1/2 m Saitlinge
(feiner Wurstdarm zum
Selberfüllen; vom Metzger)
2 Zweige Thymian
1 Lorbeerblatt
1 Salatgurke
2 Vanilleschoten
2 EL Olivenöl
2 EL Madras-Currypulver
8 cl Kirschwasser
150 ml Curry-Ketchup (pikant)
2 Bund Rucola
4 Hotdog-Brötchen
70 g Röstzwiebeln

1 Für die Würstchen die Garnelen waschen, trocken tupfen und im Küchenmixer grob pürieren, dabei nach und nach die Sahne dazugießen. 2 Knoblauchzehen schälen und in feine Würfel schneiden. Die Farce mit Knoblauch, Salz, Pfeffer und etwas Koriander würzen und zugedeckt kühl stellen.

2 Die Saitlinge in einer Schüssel in warmem Wasser einweichen und entwirren. Die Garnelenfarce in einen Spritzbeutel mit großer Lochtülle geben, die Tülle in die Saitlinge stülpen und diese mit gleichmäßigem Druck mit der Farce befüllen. In regelmäßigen Abständen Würste abdrehen.

3 Den restlichen Knoblauch schälen. Den Thymian waschen und trocken schütteln. In einem Topf reichlich Salzwasser zum Sieden bringen, Knoblauch, Thymian und Lorbeerblatt hinzufügen und die Garnelenwürste darin 10 Minuten pochieren, bis sie an die Oberfläche steigen. Mit dem Schaumlöffel herausheben, eiskalt abschrecken und beiseitestellen.

4 Die Gurke schälen und längs halbieren, mit einem Teelöffel die Kerne entfernen und die Gurkenhälften in sehr kleine Würfel schneiden. Die Gurkenwürfel in eine Schüssel geben, mit Salz bestreuen und Wasser ziehen lassen.

5 Die Vanilleschoten längs halbieren und das Mark herauskratzen. In einer Pfanne 1 EL Olivenöl erhitzen und das Vanillemark, den Curry und den restlichen Koriander darin andünsten. Mit dem Kirschwasser ablöschen und kurz flambieren. Aus den Gurkenwürfeln das Wasser drücken, trocken tupfen und mit dem Curry-Ketchup in die Pfanne geben. Das selbst gemachte Ketchup nach Belieben mit Currypulver abschmecken und warm halten. Den Rucola waschen, trocken schütteln und klein schneiden, grobe Stiele entfernen. Die Rucolablätter unter das Ketchup rühren.

6 In einer Pfanne das restliche Olivenöl erhitzen und die Garnelenwürstchen darin bei schwacher Hitze auf jeder Seite 2 Minuten braten. Die Hotdog-Brötchen quer aufschneiden und je 1 Garnelenwürstchen hineinlegen. Mit dem warmen Curry-Ketchup beträufeln, mit den Röstzwiebeln bestreuen und nach Belieben Currypulver darüberstäuben.

Johannes B. Kerner

» ›Fastfood einmal anders‹, so lautete das Motto der Sendung, und es war klar, dass es sich Mario Kotaska, der kurz zuvor seinen ersten Michelin-Stern erkocht hatte, nicht nehmen ließ, einen Klassiker der westlichen Wurstkultur (wurde der Hotdog nun eigentlich auf Coney Island oder in Dänemark erfunden?) aufzumotzen. Allein eine Wurst selbst zuzubereiten, und dann auch noch eine aus Garnelen, hat mit ›fast‹ zwar gar nichts mehr zu tun, ist aber vom Geschmacksergebnis alle Mühen wert. «

Gambas »Carabiniero« auf Couscous mit Chorizo-Schaum

Cornelia Poletto

Zutaten für 4 Personen:

Für den Chorizo-Schaum:
100 g Chorizo
(span. Paprikawurst)
2 Schalotten
2 Zweige Thymian
100 g kalte Butter
je 2 cl Weißwein und Wermut
150 ml Fischfond · Meersalz
200 g geschlagene Sahne

Für den Couscous:
150 ml Fischfond
Meersalz
frisch geriebene Muskatnuss
1 EL Olivenöl
150 g Instant-Couscous
je 1 gelbe und rote Paprikaschote
1 TL Raz el Hanout
(marokkan. Gewürzmischung)

Für die Gambas:
12 Gambaschwänze
(Riesengarnelen)
4 Zweige Thymian
2 EL Olivenöl
1 Knoblauchzehe
Meersalz · Espelette-Pfeffer
(ersatzweise Cayennepfeffer)

Für den Spinat:
200 g junger Blattspinat
1 Knoblauchzehe
1 EL Olivenöl

1 Für den Chorizo-Schaum die Chorizo in dünne Scheiben schneiden. Die Schalotten schälen und in feine Würfel schneiden. Den Thymian waschen und trocken schütteln. In einer Pfanne 1 EL Butter zerlassen und die Schalotten darin glasig dünsten. Den Thymian und die Chorizo dazugeben und einige Minuten mitbraten. Mit Wein und Wermut ablöschen und etwas einkochen lassen, dann den Fischfond hinzufügen. Die Sauce offen bei schwacher Hitze etwa 15 Minuten köcheln lassen und dann durch ein Sieb in einen Topf passieren. Die restliche Butter in Stücke schneiden und mit dem Stabmixer unterrühren. Die Chorizo-Sauce mit Salz abschmecken.

2 Inzwischen für den Couscous den Fischfond mit Salz, Muskatnuss und Olivenöl zum Kochen bringen. Den Couscous einrühren und zugedeckt bei ausgeschalteter Herdplatte 15 Minuten quellen lassen. Den Backofengrill einschalten. Die Paprikaschoten längs vierteln, entkernen, waschen und trocken tupfen. Die Schoten mit der Haut nach oben auf ein mit Backpapier ausgelegtes Backblech legen und unter dem Backofengrill auf der obersten Schiene garen, bis die Haut schwarz wird. Die Paprikaviertel häuten und in Rauten schneiden. Mit dem Raz el Hanout unter den Couscous heben und mit Salz abschmecken. Den Couscous warm halten.

3 Für die Gambas die Riesengarnelen schälen, am Rücken entlang aufschneiden und den schwarzen Darm entfernen. Die Gambas waschen und trocken tupfen. Den Thymian waschen und trocken schütteln. Das Olivenöl in einer Pfanne erhitzen, die Gambas mit dem angedrückten Knoblauch und dem Thymian darin rundum 4 bis 6 Minuten braten. Mit Salz und Pfeffer würzen.

4 Für den Spinat den Blattspinat verlesen, waschen und trocken schleudern, grobe Stiele entfernen. Den Knoblauch schälen und andrücken. Das Olivenöl in einer großen Pfanne erhitzen und den Spinat mit dem Knoblauch in die Pfanne geben. Den Spinat unter Wenden zusammenfallen lassen.

5 Die Chorizo-Sauce nochmals erhitzen. Die geschlagene Sahne unterheben und die Sauce mit dem Stabmixer schaumig aufschlagen. Den Couscous und den Blattspinat auf Teller verteilen. Die Gambas auf dem Couscous anrichten und mit dem Chorizo-Schaum beträufeln.

Johannes B. Kerner

» In der Sendung hat Cornelia für dieses Rezept Gambas Carabiniero benutzt, die vor den Falklandinseln gefangen werden. Diese Gambas finden tiefgefroren ihren Weg nach Europa und landen fast nur in Sternerestaurants. Das liegt daran, dass der Kilopreis für Endverbraucher bei über 100 Euro liegt. Insofern: Machen Sie Ihren Fischhändler erst wahnsinnig, wenn Sie zuvor mit Ihrem Banker gesprochen haben. «

Fleisch & Geflügel

Freitag ist Fischtag – ab 23:00 Uhr wird diese Gesetzmäßigkeit außer Kraft gesetzt. Sonst gäbe es ja nur noch Fisch bei uns in der Sendung, und Sie müssten auf Kalbskotelett mit Trüffelkruste, Perlhuhnbrust mit Maronen, Lammrücken im Artischockenboden oder Rinderfiletsteaks mit Kardamombutter verzichten. Und wer will das schon?

Putenrollbraten mit Tomaten und Vanille-Kartoffelschnee

Andreas C. Studer

Zutaten für 4 Personen:
800 g Putenbrust
Fleur de Sel
Pfeffer aus der Mühle
1/2 Bund Basilikum
100 g getrocknete Tomaten (in Olivenöl)
100 g schwarze Oliven (ohne Stein)
1 EL Butterschmalz
2 rote Zwiebeln
5 EL alter Aceto balsamico
200 ml Rotwein (am besten Barolo)
800 g mehlig kochende Kartoffeln
1 Vanilleschote
1/4 l Milch

1 Den Backofen auf 250 °C vorheizen. Die Putenbrust waschen, trocken tupfen und längs aufschneiden, mit Fleur de Sel und Pfeffer würzen. Für die Füllung das Basilikum waschen, trocken schütteln und die Blätter abzupfen. Die Tomaten und die Oliven etwas abtropfen lassen und mit den Basilikumblättern grob hacken. Die Zutaten gut mischen und auf dem Fleisch verteilen. Die Putenbrust aufrollen und mit Küchengarn festbinden.

2 Das Butterschmalz in einem Bräter erhitzen und den Putenbraten darin auf allen Seiten anbraten. Das Fleisch im vorgeheizten Backofen auf der mittleren Schiene 10 Minuten braten, dabei einmal wenden. Die Zwiebeln schälen, in Spalten schneiden und mit 4 EL Essig und dem Wein hinzufügen. Den Putenrollbraten weitere 30 Minuten schmoren lassen.

3 Für den Vanille-Kartoffelschnee die Kartoffeln waschen, mit Schale in grobe Würfel schneiden und in Salzwasser 20 Minuten garen. Die Kartoffeln abgießen und noch heiß durch die Flotte Lotte drehen oder pellen und durch die Kartoffelpresse drücken. Die Vanilleschote längs aufschneiden, das Mark herauskratzen und mit der Milch unter den Kartoffelschnee rühren. Den Kartoffelschnee mit Fleur de Sel und Pfeffer abschmecken.

4 Den Bräter aus dem Ofen nehmen und den Bratensatz mit dem restlichen Essig ablöschen. Den Putenrollbraten aufschneiden und mit den Zwiebeln, der Bratensauce und dem Vanille-Kartoffelschnee servieren.

Johannes B. Kerner

» Es gibt noch eine andere Methode, Kartoffelschnee herzustellen – und das Ergebnis ist meines Erachtens auch sehr lecker, weil der Kartoffelgeschmack kein bisschen verwässert wird. Kaufen Sie große Backkartoffeln – es sollte eine mehlige Sorte sein –, waschen Sie sie, stechen Sie die Schale mit einer Gabel von außen mehrfach ein und wälzen Sie sie in (Meer-)Salz. Heizen Sie den Backofen auf 200 °C vor und backen Sie die Kartoffeln 1 Stunde lang. Schaben Sie danach das Kartoffelfruchtfleisch aus der Schale und verfahren Sie dann, wie oben angegeben. «

Perlhuhnbrüste mit Zwiebeln, Maronen und Majoran

Kolja Kleeberg

Zutaten für 4 Personen:

1 kg Maronen
(ersatzweise 200 g tiefgekühlte geschälte Maronen)
4 Perlhuhnbrüste (mit Haut)
Salz
weißer Pfeffer aus der Mühle
je 1 EL Olivenöl und Butter
200 g frische Perlzwiebeln oder kleine weiße Zwiebeln
3 Stangen Staudensellerie
3 Wacholderbeeren
1 Lorbeerblatt
2 Zweige Thymian
Zucker
100 ml Madeira
(span. Dessertwein)
100 ml Champagner
200 ml Geflügeljus oder -fond
je 1/2 Bund Majoran und Petersilie

1 Den Backofen auf 250 °C vorheizen. Die Schale der Maronen auf der runden Oberseite mit einem kleinen scharfen Messer kreuzförmig einritzen. Die Maronen auf einem Backblech verteilen und im vorgeheizten Backofen auf der mittleren Schiene rösten, bis die Schalen aufplatzen. Die Maronen etwas abkühlen lassen und schälen. Den Backofen auf 170 °C herunterschalten.

2 Die Perlhuhnbrüste waschen, trocken tupfen und mit Salz und Pfeffer würzen. Das Olivenöl und die Butter in einem flachen, ofenfesten Topf erhitzen und die Perlhuhnbrüste darin bei mittlerer Hitze auf der Hautseite anbraten.

3 Die Zwiebeln schälen und je nach Größe halbieren. Den Sellerie putzen, waschen und in etwa 8 cm lange Stücke schneiden. Die Zwiebeln und den Sellerie mit den geschälten Maronen zu den Perlhuhnbrüsten in den Topf geben und kurz andünsten. Das Fleisch wenden, die zerdrückten Wacholderbeeren und das Lorbeerblatt hinzufügen. Den Thymian waschen, trocken schütteln und ebenfalls dazugeben, mit Salz, Pfeffer und etwas Zucker würzen. Das Fleisch und das Gemüse zuerst mit Madeira, dann mit Champagner ablöschen. Die Perlhuhnbrüste im vorgeheizten Backofen auf der mittleren Schiene etwa 10 Minuten schmoren.

4 Das Fleisch herausnehmen und warm halten, den Bratenfond bei mittlerer Hitze einkochen lassen. Den Geflügeljus hinzufügen und die Sauce nach Belieben mit etwa 50 g kalter Butter binden. Die ganzen Gewürze wieder entfernen. Den Majoran und die Petersilie waschen und trocken schütteln, die Blätter abzupfen, fein hacken und unter die Sauce rühren. Die Perlhuhnbrüste mit der Gemüse-Maronen-Sauce servieren.

Johannes B. Kerner

» Natürlich kann man die Maronenschalen auch in heißem Öl oder in einer speziellen Maronenpfanne zum Platzen bringen. Aber wer hat die schon? Ich verwende lieber geschälte Maronen, die man tiefgekühlt kaufen kann. Das erspart einem eine Menge Arbeit, die einfach keinen Spaß macht. Übrigens hat Kolja mich gebeten, Ihnen auszurichten, dass sich vakuumverpackte Maronen für dieses Rezept nicht so gut eignen: Sie zerfallen leicht. «

Beschwipstes Huhn auf Reisen mit Orangen-Tomaten-Gemüse

Ralf Zacherl

Zutaten für 4 Personen:
3 Zwiebeln
2 Knoblauchzehen
400 g Kirschtomaten
12 Hähnchenunterkeulen (mit Haut)
1/2 Bund Zitronenthymian
Salz · Pfeffer aus der Mühle
Mehl zum Wenden
5–6 EL Olivenöl
100 ml Gin
2 unbehandelte Orangen
1 TL Honig · Tabasco
6 Scheiben Graubrot

1 Die Zwiebeln und den Knoblauch schälen und in feine Scheiben schneiden. Die Tomaten waschen und halbieren.

2 Die Hähnchenkeulen waschen, trocken tupfen und die Knochenenden mit einem kleinen Messer säubern. Den Zitronenthymian waschen und trocken schütteln, jeweils 1 Zweig unter die Haut der Hähnchenkeulen stecken. Die Hähnchenkeulen mit Salz und Pfeffer würzen und im Mehl wenden. Den Backofen auf 200 °C vorheizen.

3 In einer Pfanne 2 bis 3 EL Olivenöl erhitzen, die Hähnchenkeulen darin auf allen Seiten bei mittlerer Hitze anbraten und aus der Pfanne nehmen. Die Zwiebeln in die Pfanne geben und hellbraun braten. Den restlichen Zitronenthymian und den Knoblauch hinzufügen und mitbraten. Nach 2 Minuten die Kirschtomaten dazugeben. Das Gemüse mit Gin ablöschen und vom Herd nehmen. Die Orangen heiß waschen, trocken reiben und die Schale fein abreiben, die Früchte halbieren und den Saft auspressen. Das Gemüse mit der Orangenschale und dem -saft, Salz, Pfeffer, Honig und Tabasco abschmecken.

4 Das Tomatengemüse mit der Flüssigkeit in einen Bräter geben, die Hähnchenkeulen darauf verteilen und zugedeckt im vorgeheizten Backofen auf der mittleren Schiene etwa 20 Minuten garen.

5 In der Zwischenzeit das Graubrot in breite Streifen schneiden. Das restliche Olivenöl in einer Pfanne erhitzen und die Brotstreifen darin kross braten, auf Küchenpapier abtropfen lassen. Die Hähnchenkeulen mit dem Gemüse und den Brotstreifen servieren.

Johannes B. Kerner

» Dieses Huhn schickte Ralf zum Thema ›Picknick‹ auf Reisen. Er gab noch den Tipp, man solle die Keulen für den Transport etwas abkühlen lassen, danach den Deckel auf die ofenfeste Form setzen und die Brotstreifen einpacken – und schon kann die Reise losgehen. «

Kasseler Koteletts auf Currylinsen

Horst Lichter

Zutaten für 4 Personen:
1 Dose Linsen (vorgegart; 450 g Abtropfgewicht)
2 säuerliche Äpfel
1 große Gemüsezwiebel
50 g Butterschmalz
2 EL Currypulver
2 EL trockener Weißwein
4 Kasseler Koteletts (à 250 g)
Salz · Pfeffer aus der Mühle
Zucker

1 Die Linsen in ein Sieb abgießen und abtropfen lassen. Die Äpfel vierteln, schälen und die Kerngehäuse entfernen. Die Apfelviertel in Scheiben schneiden.

2 Die Zwiebel schälen und in Streifen schneiden. Die Hälfte des Butterschmalzes in einem Topf erhitzen und die Äpfel und die Zwiebel darin bei mittlerer Hitze andünsten. Mit Curry bestäuben, kurz weiterdünsten und mit dem Wein ablöschen. Die abgetropften Linsen unterrühren und alles bei schwacher Hitze köcheln lassen.

3 Das restliche Butterschmalz in einer Pfanne erhitzen und die Kasseler Koteletts darin bei mittlerer Hitze auf jeder Seite etwa 5 Minuten braten.

4 Die Currylinsen mit Salz, Pfeffer und Zucker abschmecken und zu den gebratenen Koteletts servieren.

Johannes B. Kerner

» Ich mag Kasseler in nahezu jeder Form gern: als Braten, als Koteletts oder kalt als Aufschnitt. Und ich mag Linsen. Sie müssen nicht mit Currypulver gewürzt sein – aber hier passt das hervorragend zum Kasseler. «

Rosa Schweinemedaillons mit Tomatensabayon auf »Armen Rittern«

Stefan Marquard

Zutaten für 4 Personen:

1 Bund Basilikum
5 rote Chilischoten
400 g Strauchtomaten
1 cl Gin
Salz · Zucker
1 Eigelb
Mark von 1 Vanilleschote
1/8 l Olivenöl
600 g Schweinefilet
Pfeffer aus der Mühle
100 g Parmesan
150 ml Milch
3 Eier
1 Knoblauchzehe
frisch geriebene Muskatnuss
4 Scheiben Toastbrot
50 g Sesamsamen
je 1 Zweig Thymian
und Rosmarin
80 g Cornflakes
3 EL Butterschmalz

1 Das Basilikum waschen und trocken schütteln, die Blätter von den Stielen zupfen und beides beiseitelegen. Die Chilischoten längs halbieren, entkernen, waschen und in feine Streifen schneiden. Die Tomaten waschen.

2 Für das Tomatensabayon die Hälfte der Tomaten mit dem Gin, den Basilikumstielen, einigen Chilistreifen sowie jeweils 1 Prise Salz und Zucker im Küchenmixer fein pürieren. Das Tomatenpüree durch ein mit einem sauberen Küchentuch ausgelegtes Sieb passieren und die Flüssigkeit auffangen. Den aufgefangenen klaren Tomatenfond mit dem Eigelb und dem Vanillemark in einer Schüssel im heißen Wasserbad zu einem Sabayon schaumig schlagen.

3 Die restlichen Tomaten in kleine Würfel schneiden, dabei die Stielansätze entfernen. Die Tomatenwürfel in einen Topf geben, das Olivenöl und die restlichen Chilistreifen dazugeben, mit Salz und Zucker würzen und alles bei mittlerer Hitze 10 bis 12 Minuten zu einem sämigen Ragout einkochen lassen. Die Basilikumblätter grob schneiden und unterrühren.

4 Das Schweinefilet in etwa 1 1/2 cm dicke Medaillons schneiden. Mit Salz und Pfeffer würzen und in das Tomatenragout legen, den Parmesan darüberreiben. Die Schweinemedaillons zugedeckt bei schwacher Hitze 5 bis 7 Minuten ziehen lassen.

5 Für die »Armen Ritter« die Milch mit den Eiern verquirlen, mit Salz, Pfeffer, Zucker, dem geschälten und durchgepressten Knoblauch und etwas Muskatnuss abschmecken. Die Toastscheiben in der Eiermilch einweichen. Die Sesamsamen in einer beschichteten Pfanne ohne Fett anrösten. Thymian und Rosmarin waschen und trocken schütteln. Die Cornflakes in einem Gefrierbeutel mit dem Nudelholz zerbröseln und auf einen Teller geben.

6 Das Butterschmalz in einer Pfanne erhitzen, die Toastscheiben mit den Kräutern darin bei mittlerer Hitze goldbraun braten. Die Toastscheiben sofort zuerst in den Cornflakes und dann in den Sesamsamen wenden. Das Tomatensabayon als Spiegel auf Teller gießen. Die »Armen Ritter« daraufsetzen, mit den Schweinemedaillons belegen und das Tomatenragout darübergeben.

Johannes B. Kerner

» Was Sie bestimmt wissen: Stefan Marquard ist ein ganz außergewöhnlicher Koch. Was Sie vielleicht nicht wissen: Stefan Marquard wird von ganz vielen Köchen in der Szene abgöttisch geliebt, Ralf Zacherl gehört zum Beispiel zu seinen größten Bewunderern. Dieses Rezept beweist meines Erachtens perfekt, warum das so ist. ›Armer Ritter‹ ist jedem geläufig, wird aber so zubereitet zu einem Geschmacksfeuerwerk, wie es sich vielleicht nur Stefan Marquard ausdenken kann. «

Schweinemedaillons mit Pflaumen-Ingwer-Sauce

Johann Lafer

Zutaten für 4 Personen:

Für die Marinade:
je 40 ml Ahornsirup und Sojasauce
30 ml weißer Portwein
2 Zimtstangen
1 rote Chilischote
Pfeffer aus der Mühle

Für die Medaillons:
2 Schweinefilets (insgesamt ca. 600 g)
8 Scheiben durchwachsener Speck
2 EL Öl

Für die Sauce:
400 g reife Pflaumen
40 g Ingwer
2 Knoblauchzehen
3 Schalotten
1 rote Chilischote
50 g Zucker
200 ml Pflaumenwein
50 g Pflaumenmus
Salz · Pfeffer aus der Mühle
Chili aus der Gewürzmühle
abgeriebene Schale von 1 unbehandelten Zitrone

Für die Bohnen:
400 g Keniabohnen · Salz
2–3 große rote Peperoni
ca. 4 EL Olivenöl
Pfeffer aus der Mühle
8 Scheiben Frühstücksspeck
Öl zum Braten

1 Am Vortag für die Marinade den Ahornsirup in einem Topf erhitzen. Die Sojasauce und den Portwein unterrühren. Die Zimtstangen in grobe Stücke brechen. Die Chilischote längs halbieren, entkernen, waschen und in feine Würfel schneiden. Zimt und Chili in die Sauce geben, mit Pfeffer würzen.

2 Für die Medaillons die Schweinefilets in 8 Medaillons schneiden. Jedes Medaillon mit 1 Speckscheibe umwickeln und mit einem Holzspieß oder Küchengarn befestigen. Das Fleisch in einen Gefrierbeutel geben, die Marinade hinzufügen und alles gut miteinander mischen. Den Beutel verschließen und das Fleisch über Nacht im Kühlschrank marinieren.

3 Am nächsten Tag für die Sauce die Pflaumen halbieren, entsteinen und in grobe Würfel schneiden. Den Ingwer, den Knoblauch und die Schalotten schälen. Ingwer und Knoblauch in feine Würfel, die Schalotten in Streifen schneiden. Die Chilischote längs halbieren, entkernen, waschen und in feine Würfel schneiden. Den Zucker in einem Topf hellbraun karamellisieren, Pflaumen, Ingwer, Knoblauch, Schalotten und Chili dazugeben und kurz andünsten. Den Pflaumenwein dazugießen und die Sauce auf die Hälfte einkochen lassen. Das Pflaumenmus unterrühren und die Sauce nochmals aufkochen. Mit Salz, Pfeffer, Chili aus der Gewürzmühle und Zitronenschale würzen.

4 Die Bohnen putzen, waschen und in kochendem Salzwasser bissfest blanchieren. Abgießen, kalt abschrecken und gut abtropfen lassen. Die Peperoni waschen und in 2 bis 3 cm dicke Ringe schneiden, mit einem spitzen Messer die Kerne entfernen. Die Bohnen zu kleinen Bündeln zusammenfassen und diese jeweils durch einen Peperoniring stecken. Die Bohnenbündel mit Olivenöl beträufeln, mit Salz und Pfeffer würzen und jedes Bündel mit einer Scheibe Speck umwickeln. Das Öl in einer Grillpfanne erhitzen und die Bohnenbündel darin rundum 8 bis 10 Minuten braten.

5 Die Schweinemedaillons aus der Marinade nehmen, trocken tupfen und auf dem Holzkohlengrill oder in einer Grillpfanne im heißen Öl langsam braten. Die Schweinemedaillons mit der Pflaumensauce und den Bohnenbündeln anrichten. Dazu passt am besten Baguette.

Johannes B. Kerner

» Johann empfiehlt, als Beilage einen leichten Sommersalat mit Joghurt-Dressing und frischen Kräutern zu reichen. Und: Das Gericht kann man genauso gut mit Rinderfilet zubereiten, das auf die gleiche Weise mariniert, in Medaillons geschnitten und gegrillt oder gebraten wird. «

Kalbskoteletts in Trüffelkruste mit Buttermilchrisotto

Johann Lafer

Zutaten für 4 Personen:

Für die Trüffelkruste:

100 g weiche Butter
3 EL Trüffelbutter
1 EL Trüffelöl
1 Zweig Thymian
Salz · Pfeffer aus der Mühle
130 g Semmelbrösel
1 Eigelb

Für den Risotto:

2 Schalotten
2 EL Butter
200 g Risottoreis
(z.B. Carnaroli oder Arborio)
1/2 TL Safranfäden
80 ml trockener Weißwein
400 ml heißer Geflügelfond
100 g Buttermilch
Salz · Pfeffer aus der Mühle
40 g Parmesan
3 EL Butter
3 Salbeiblätter

Für die Koteletts:

2 Schalotten
2 Zweige Thymian
1 Zweig Rosmarin
2 EL Butterschmalz
4 Kalbskoteletts (à 220 g)
Salz · Pfeffer aus der Mühle

1 Für die Trüffelkruste die Butter, die Trüffelbutter und das Trüffelöl in einer Schüssel mit den Quirlen des Handrührgeräts schaumig rühren. Den Thymian waschen und trocken schütteln, die Blätter abzupfen und fein hacken. Die Buttermasse mit Salz und Pfeffer würzen, die Thymianblätter, die Semmelbrösel und das Eigelb dazugeben und alles zu einer glatten Masse verrühren. Die Trüffelmasse auf einen Bogen Backpapier geben, zu einer dicken Rolle formen und kühl stellen.

2 Für den Risotto die Schalotten schälen und in feine Würfel schneiden. Die Butter in einem Topf zerlassen und die Schalottenwürfel darin bei mittlerer Hitze glasig dünsten. Den Reis und den Safran hinzufügen, kurz mitdünsten und mit dem Wein ablöschen. So lange weiterrühren, bis der Reis den Wein fast vollständig aufgenommen hat. Dann ein Drittel des heißen Geflügelfonds dazugießen und bei schwacher Hitze unter ständigem Rühren köcheln lassen, bis der Reis die Flüssigkeit fast vollständig aufgenommen hat. Diesen Vorgang zweimal wiederholen, bis der Fond aufgebraucht ist (dies dauert 18 bis 20 Minuten). Dabei immer wieder rühren, damit der Reis nicht ansetzt. Den Topf vom Herd nehmen und die Buttermilch unterrühren.

3 Für die Koteletts die Schalotten schälen und halbieren. Die Kräuterzweige waschen und trocken schütteln. Das Butterschmalz in einer Pfanne erhitzen und die Koteletts darin bei starker Hitze auf jeder Seite 30 Sekunden goldbraun anbraten. Die Hitze um die Hälfte reduzieren, Schalotten, Thymian und Rosmarin hinzufügen. Die Koteletts weitere 3 Minuten auf jeder Seite braten, mit Salz und Pfeffer würzen.

4 Den Backofengrill einschalten. Ein Backblech mit Alufolie auslegen und die Koteletts darauflegen. Die Trüffelbuttermasse in 2 bis 3 mm dicke Scheiben schneiden. Die Koteletts gleichmäßig damit belegen und unter dem Backofengrill auf der zweiten Schiene von unten goldbraun überbacken.

5 Den Parmesan fein reiben. Den Risotto mit Salz und Pfeffer würzen, die Butter und den Parmesan unterrühren und den in feine Streifen geschnittenen Salbei darüberstreuen. Die Koteletts mit dem Buttermilchrisotto servieren.

Johannes B. Kerner

» Ich hatte mich immer gefragt, wie Sterneköche diese Krusten und Mäntel auf ihr Fleisch bekommen, und war total perplex, dass man dafür erst Butter und Öl schaumig schlägt, Kräuter und Paniermehl dazugibt und das Ganze auf Backpapier oder in Gefrierbeuteln abkühlen lässt, um es, wenn das Fleisch schon gar ist, auf den Braten zu geben und zu übergrillen. Wie einfach doch manches ist – wenn man nur weiß, wie's funktioniert. «

Cordon bleu mit Kartoffelstiften und Kaiserschoten

Horst Lichter

Zutaten für 4 Personen:
1/2 l Öl
10 große festkochende Kartoffeln · Salz
400 g Kaiserschoten (Zuckererbsen)
1 Bund Petersilie
2 EL Butter
500 g Sahne
4 Kalbsschnitzel (à 250 g)
4 Scheiben Emmentaler Käse
4 Scheiben gekochter Schinken
4 Eier · Instant-Mehl (ersatzweise doppelgriffiges Mehl)
150 g Semmelbrösel
Pfeffer aus der Mühle
Zucker

1 Zum Frittieren in einem großen Topf 450 ml Öl auf 170 °C erhitzen. Die Kartoffeln schälen, waschen und in feine Stifte schneiden. Die Kartoffelstifte im heißen Öl portionsweise goldbraun ausbacken. Mit dem Schaumlöffel herausheben, auf Küchenpapier gut abtropfen lassen, mit Salz würzen und bis zum Servieren warm halten.

2 Die Kaiserschoten putzen, waschen und in kochendem Salzwasser bissfest blanchieren. Die Schoten in ein Sieb abgießen, kalt abschrecken und abtropfen lassen. Die Petersilie waschen und trocken schütteln, die Blätter abzupfen und fein hacken. In einer tiefen Pfanne 1 EL Butter zerlassen und die Kaiserschoten darin mit der Petersilie kurz andünsten. Die Sahne hinzufügen und alles aufkochen.

3 An den Längsseiten der Kalbsschnitzel jeweils mit einem scharfen Messer eine Tasche einschneiden. Das Fleisch aufklappen und innen mit Salz würzen. Jeweils 1 Käse- und Schinkenscheibe einrollen und die Schnitzel damit füllen. Die Schnitzel mit etwas Salz würzen.

4 Die Eier in einem tiefen Teller verquirlen. Die gefüllten Schnitzel zuerst im Mehl wenden, dann vorsichtig durch die Eier ziehen und zuletzt mit den Semmelbröseln panieren.

5 Das restliche Öl in einer Pfanne erhitzen und die Schnitzel darin bei starker Hitze auf beiden Seiten kurz anbraten. Die Temperatur reduzieren und die Schnitzel auf jeder Seite etwa 6 Minuten fertig braten. Das Kaiserschotengemüse mit Salz, Pfeffer und Zucker abschmecken. Die Cordons bleus mit den frittierten Kartoffelstiften und den Kaiserschoten servieren.

Johannes B. Kerner

» Ich habe mal gehört, dass diese Zubereitungsform des Schnitzels ihren Namen erhalten haben könnte, weil Ludwig XV. die Köchin seiner Mätresse Madame Dubarry entgegen geltender Regeln mit dem an einem blauen Band (Cordon bleu) getragenen ›Orden vom Heiligen Geist‹ ausgezeichnet hat. Deshalb quittieren französische Köche hervorragende Gerichte heute noch mit dem Ausspruch: ›Bien, c'est un vrai de cordon bleu‹. Horst, den Orden hast Du Dir verdient! «

Wiener Schnitzel mit Erdäpfel- und Gurkensalat

Sarah Wiener

Zutaten für 4 Personen:

Für den Kartoffelsalat:
1 kg Bio-Kartoffeln (Erdäpfel)
2 Handvoll Feldsalat (Vogerlsalat; ca. 50 g)
1 Zwiebel oder Schalotte
1 Knoblauchzehe
1/2 EL Öl
1 EL scharfer Senf
150 ml Gemüse- oder Fleischbrühe
Salz · Pfeffer aus der Mühle
2–3 EL Weißweinessig
2–3 EL Kürbiskernöl

Für den Gurkensalat:
1 Salatgurke · 1/2 TL Salz
1–2 Knoblauchzehen
Pfeffer aus der Mühle
Paprikapulver (edelsüß)
Cayennepfeffer
100 g saure Sahne
1–2 EL Zitronensaft
1 EL Olivenöl
Petersilie zum Garnieren

Für die Schnitzel:
4 Kalbsschnitzel (Bio-Fleisch aus der Oberschale; à ca. 150 g)
1 Bio-Ei
Salz · Pfeffer aus der Mühle
150–200 g Mehl
150–200 g Semmelbrösel (z. B. aus altem Baguette)
Butterschmalz zum Braten
1 Bio-Zitrone

1 Für den Kartoffelsalat die Kartoffeln mit Schale in einem Topf in reichlich Wasser etwa 20 Minuten garen. Abgießen, pellen und etwas abkühlen lassen. Den Feldsalat verlesen, waschen und trocken schleudern.

2 Die Zwiebel und den Knoblauch schälen und die Zwiebel in feine Würfel schneiden. In einer Pfanne das Öl erhitzen, Zwiebel und Knoblauch darin anbraten. Den Senf hinzufügen, die Brühe angießen und kurz aufkochen lassen. Die noch warmen Kartoffeln in Scheiben schneiden und mit der Brühe in eine Schüssel geben. Mit Salz und Pfeffer würzen, den Feldsalat unterheben und mit dem Essig abschmecken.

3 Für den Gurkensalat die Gurke schälen und auf dem Gemüsehobel in feinen Scheiben in eine Schüssel hobeln. Mit dem Salz mischen und vorsichtig mit den Händen das Wasser ausdrücken. Die Gurke etwas ziehen lassen und das ausgetretene Wasser abgießen. Den Knoblauch schälen und in feine Würfel schneiden. Den Gurkensalat mit dem Knoblauch, Pfeffer, je 1 Prise Paprikapulver und Cayennepfeffer sowie der sauren Sahne mischen. Anschließend mit Zitronensaft und Olivenöl abschmecken und mit Petersilie garnieren.

4 Für die Schnitzel die Kalbsschnitzel flach klopfen. Die Eier in einem tiefen Teller verquirlen und mit Salz und Pfefer würzen. Die Schnitzel zuerst im Mehl wenden, dann vorsichtig durch die Eier ziehen und zuletzt mit den Semmelbröseln panieren.

5 Reichlich Butterschmalz in einer Pfanne erhitzen und die Schnitzel darin schwimmend auf jeder Seite etwa 3 Minuten goldbraun braten. Herausnehmen und auf Küchenpapier abtropfen lassen. Den Erdäpfelsalat mit dem Kürbiskernöl beträufeln. Die Wiener Schnitzel mit beiden Salaten und Zitronenspalten servieren.

Johannes B. Kerner

» Bleiben bei Ihnen auch immer mal wieder Brötchen übrig? Dann bewahren Sie sie auf und machen Sie Ihre Semmelbrösel in Zukunft nur noch selbst. Einfach die getrockneten Brötchen in der Küchenmaschine fein zerhacken. Diese Brösel sorgen für eine besonders knusprige Panade, denn sie saugen das Fett nicht so schnell auf wie die fertig gekauften. «

Ossobuco mit Gremolata auf Vanille-Polenta

Ralf Zacherl

Zutaten für 4 Personen:

Für das Ossobuco:

4 Kalbsbeinscheiben (à 300 g)
Salz · Pfeffer aus der Mühle
Mehl zum Bestäuben
2 EL Olivenöl
je 2 Zwiebeln und Möhren
150 g Knollensellerie
3 TL Tomatenmark
200 ml trockener Weißwein
200 ml Fleischbrühe
20 Kirschtomaten
2 Knoblauchzehen
5 Zweige Thymian
3 Lorbeerblätter

Für die Polenta:

1 Vanilleschote
1 l Gemüsebrühe
250 g Maisgrieß (Polenta)
Salz · Zucker
5 EL Olivenöl
50 g geriebener Parmesan

Für die Gremolata:

1 Bund Petersilie
2 Knoblauchzehen
1 unbehandelte Zitrone
1/2 unbehandelte Orange
Salz · 4 EL Olivenöl

1 Für das Ossobuco die Kalbsbeinscheiben mit Salz und Pfeffer würzen und leicht mit Mehl bestäuben. Das Olivenöl in einer Pfanne erhitzen und das Fleisch darin auf beiden Seiten goldbraun anbraten. Aus der Pfanne nehmen und beiseitestellen.

2 Die Zwiebeln, die Möhren und den Sellerie putzen, schälen und in Würfel schneiden. Das Gemüse in der Pfanne im verbliebenen Bratfett goldbraun anbraten und mit Salz und Pfeffer würzen. Das Tomatenmark hinzufügen und kurz mitrösten. Den Wein und die Brühe angießen. Die Tomaten waschen. Den Knoblauch schälen. Den Thymian waschen und trocken schütteln. Das Fleisch, die Gemüsesauce, die Tomaten, den Knoblauch, den Thymian und die Lorbeerblätter in den Schnellkochtopf geben. Den Kochtopf verschließen und das Fleisch bei mittlerer Hitze 30 bis 40 Minuten weich schmoren.

3 Für die Polenta die Vanilleschote längs halbieren und das Mark herauskratzen. Drei Viertel der Brühe in einem Topf aufkochen und den Maisgrieß unter Rühren einrieseln lassen, mit Salz und etwas Zucker würzen. Die Vanilleschote dazugeben und die Polenta bei schwacher Hitze unter gelegentlichem Rühren 30 bis 40 Minuten kochen, eventuell etwas Brühe hinzufügen. Zuletzt das Vanillemark, das Olivenöl und den Parmesan unterrühren. Die Vanilleschote wieder entfernen.

4 Für die Gremolata die Petersilie waschen und trocken schütteln, die Blätter abzupfen und grob hacken. Den Knoblauch schälen und grob zerkleinern. Die Zitrusfrüchte heiß waschen, trocken reiben und die Schale fein abreiben. Alles in einen Mörser geben, mit Salz würzen und mit dem Stößel zerreiben, dabei nach und nach das Olivenöl dazugießen.

5 Das Fleisch und das Schmorgemüse aus dem Schnellkochtopf nehmen und warm halten. Die Sauce durch ein Sieb in einen Topf passieren, kurz einkochen lassen und mit Salz und Pfeffer abschmecken. Die Vanille-Polenta und das Schmorgemüse auf Teller verteilen. Die Kalbsbeinscheiben mit der Gremolata auf der Polenta anrichten und mit der Gemüsesauce übergießen.

Johannes B. Kerner

» Ralf sagte in der Sendung, dass ihm das Ossobuco noch nie so gut gelungen sei wie während der Aufzeichnung – und das trotz des Zeitdrucks. Deshalb hat er es auch im Schnellkochtopf zubereitet, denn sonst brauchen die Beinscheiben Stunden. Ich kann natürlich die vielen Ossobucos, die Ralf bis dahin zubereitet hatte, nicht beurteilen. Aber das Fleisch war so traumhaft, dass ich meine Mutter gefragt habe, ob sie noch den alten Schnellkochtopf im Keller stehen hat. «

Züricher Geschnetzeltes mit Käserösti und grünem Spargel

Andreas C. Studer

Zutaten für 4 Personen:

Für die Rösti:
1 kg gegarte Pellkartoffeln (vom Vortag)
200 g Bergkäse (z. B. Gstaader Bergkäse)
Salz · Pfeffer aus der Mühle
1 EL Butterschmalz

Für das Geschnetzelte:
400 g Kalbsfilet
1 EL Butterschmalz
Salz · Pfeffer aus der Mühle
1 Schalotte
2 EL Butter
200 g Champignons
1/4 l trockener Weißwein (z. B. Fendant aus dem Wallis)
200 ml Kalbsfond
200 g Sahne
1 EL Mehl
2 EL Zitronensaft
1/2 Bund Petersilie

Für den Spargel:
250 g grüner Spargel
1 EL Butter
1/2 TL Zucker
100 ml Gemüsefond
Salz · Pfeffer aus der Mühle

1 Für die Rösti die Kartoffeln pellen und grob in eine Schüssel reiben. Den Käse dazuraspeln, beides gut mischen und mit Salz und Pfeffer würzen. Das Butterschmalz in einer Pfanne erhitzen, die Kartoffel-Käse-Mischung hineingeben und zu einem dicken Kuchen formen. Die Rösti bei mittlerer Hitze auf beiden Seiten 15 Minuten knusprig backen und warm halten.

2 Für das Geschnetzelte das Kalbsfilet in feine Streifen schneiden. Das Butterschmalz in einer Pfanne erhitzen und die Fleischstreifen darin bei starker Hitze anbraten, mit Salz und Pfeffer würzen. Das Fleisch aus der Pfanne nehmen und warm halten.

3 Die Schalotte schälen und in feine Würfel schneiden. 1 EL Butter in der Pfanne zerlassen und die Schalotte darin glasig dünsten. Die Champignons putzen, mit Küchenpapier trocken abreiben und in Scheiben schneiden. In die Pfanne geben und 3 Minuten mitdünsten. Mit dem Wein und dem Kalbsfond ablöschen und die Flüssigkeit auf ein Drittel einkochen lassen.

4 Dann die Sahne hinzufügen. Die restliche Butter mit dem Mehl verkneten und zu einer Kugel formen. Von der Kugel kleine Stücke abzwicken und nach und nach in der Sauce auflösen, bis sie gleichmäßig gebunden ist (die Butter-Mehl-Mischung löst sich langsam in der Sauce auf und dickt sie so gleichmäßig an). Die Sauce mit Zitronensaft, Salz und Pfeffer abschmecken. Das Kalbfleisch hinzufügen und das Geschnetzelte kurz aufkochen lassen.

5 Den Spargel waschen, nur im unteren Drittel schälen und die holzigen Enden entfernen. Die Butter in einer Pfanne zerlassen und den Spargel darin kurz andünsten. Den Zucker und den Gemüsefond dazugeben und den Spargel nur kurz darin garen, er sollte bissfest bleiben. Zum Schluss mit Salz und Pfeffer abschmecken. Die Petersilie waschen, trocken schütteln, die Blätter abzupfen, fein hacken und unter das Geschnetzelte rühren. Die Rösti vierteln und mit dem Züricher Geschnetzelten und dem Spargel anrichten.

Johannes B. Kerner

» Es gibt ein paar Klassiker in der Küche, bei denen ich immer auf der Suche nach dem besten Rezept bin. So hat es lange gedauert, bis ich das perfekte Spaghetti-Bolognese-Rezept gefunden habe (übrigens in einem Buch von Jamie Oliver). Und von Johann habe ich gelernt, das beste Wiener Schnitzel zuzubereiten (ein Klacks Schlagsahne in der Panade macht den Unterschied!). Beim Original Züricher Geschnetzelten kann ich mir die Sucherei ab sofort sparen, denn Andreas ist Schweizer und weiß einfach, wie die Heimatküche funktioniert. Das gilt sowohl für das Geschnetzelte als auch für die Rösti. «

Kalbsfilet im Kräutersud auf Bohnen-Pfifferling-Gemüse

Mario Kotaska

Zutaten für 4 Personen:
je 1/2 Bund Thymian, Petersilie, Basilikum, Estragon und Rosmarin
1 Knoblauchknolle
1 l Geflügelbrühe
5 Lorbeerblätter
4 Gewürznelken
10 Wacholderbeeren
10 schwarze Pfefferkörner
20 Korianderkörner
600 g helles Kalbsfilet (vom Metzger in Form gebunden)
4 festkochende Kartoffeln
Salz
400 g breite grüne Bohnen
300 g kleine Pfifferlinge
4 Schalotten
50 g mild geräucherter Bauchspeck (in dünnen Scheiben)
4 EL Öl
Salz · Pfeffer aus der Mühle
Zucker
frisch geriebene Muskatnuss
1 TL getrocknetes Bohnenkraut
100 g kalte Butter

1 Die Kräuter waschen und trocken schütteln. Ein Drittel der Kräuter grob hacken und auf einem Teller beiseitestellen. Die Knoblauchknolle schälen und quer halbieren. Die Brühe mit den restlichen nicht gehackten Kräutern, den beiden Knoblauchhälften und den ganzen Gewürzen in einem großen Topf erhitzen und einmal aufkochen lassen. Den Kräuterfond vom Herd nehmen und auf etwa 90 °C abkühlen lassen. Das Kalbsfilet in den Fond legen, den Topf wieder auf den Herd stellen und das Filet bei gleichbleibender Temperatur 10 bis 15 Minuten im Fond ziehen lassen.

2 Inzwischen die Kartoffeln schälen, waschen und in Würfel schneiden. In einem Topf in reichlich Salzwasser garen, abgießen und abtropfen lassen. Die Bohnen putzen, waschen, in Stücke schneiden und in kochendem Salzwasser bissfest blanchieren. In ein Sieb abgießen, kalt abschrecken und abtropfen lassen. Die Pfifferlinge putzen und mit Küchenpapier trocken abreiben. Die Schalotten schälen und ebenso wie den Speck in feine Würfel schneiden.

3 Das Kalbsfilet aus dem Fond nehmen und etwa 20 Minuten ruhen lassen. Den Kräuterfond inzwischen warm halten.

4 In einer Pfanne 2 EL Öl erhitzen und die Pfifferlinge darin anbraten. Die Speck- und Schalottenwürfel dazugeben und kurz mitbraten. Mit Salz, Pfeffer, 1 Prise Zucker und etwas Muskatnuss würzen. Die Pfifferlinge zuletzt mit Bohnenkraut abschmecken.

5 Den Kräuterfond auf 75 °C temperieren, das Filet erneut in den Fond legen und darin bei gleichbleibender Temperatur 15 Minuten rosa garen.

6 Das restliche Öl in einer Pfanne erhitzen und die Kartoffelwürfel darin rundum knusprig braten. Kurz vor dem Servieren die blanchierten Bohnen unter die Pfifferlinge mischen und das Gemüse nochmals mit den Gewürzen abschmecken. Die Butter in Stücke schneiden, dazugeben, schmelzen lassen und, falls nötig, noch etwas Kräuterfond hinzufügen.

7 Das Kalbsfilet aus dem Sud nehmen, kurz ruhen lassen und in den beiseitegestellten gehackten Kräutern wälzen. Dann das Fleisch in Scheiben schneiden, mit Salz und Pfeffer würzen. Das Bohnen-Pfifferling-Gemüse und die Kartoffelwürfel auf Teller verteilen und die Filetscheiben darauf anrichten.

Johannes B. Kerner

» Mario verriet noch während der Sendung, was bei der Zubereitung dieses Gerichts besonders wichtig ist: Dadurch, dass das Filet schließlich konstant bei 75 °C pochiert wird, bleibt es schön rosa. Es gelingt einfach immer, das Ergebnis ist immer perfekt. Allein dafür lohnt sich die Anschaffung eines Kochthermometers. «

Scharfes Gulasch mit Vier-Farben-Paprika im Brotkörbchen

Andreas C. Studer

Zutaten für 4 Personen:
Olivenöl zum Bestreichen
1 Packung Fertig-Aufbackteig für 6 Sonntagsbrötchen (aus dem Kühlregal)
je 1 grüne, gelbe, orangefarbene und rote Paprikaschote
4 Essiggurken
3 Frühlingszwiebeln
500 g Rinderfilet
5 EL Olivenöl
ca. 2 EL scharfes Paprikapulver
Salz · Pfeffer aus der Mühle
2 EL Tomatenmark
200 ml trockener Rotwein
100 ml Rinderfond
ca. 2 TL abgeriebene unbehandelte Zitronenschale
12 Kirschtomaten (an der Rispe)
Fleur de Sel
1/2 Becher saure Sahne
1/2 Bund Petersilie
2 TL Crème fraîche

1 Den Backofen auf 190 °C vorheizen. Vier kleine ofenfeste Schälchen auf den Kopf stellen und außen jeweils mit Olivenöl bestreichen. Den Fertigbrotteig ausrollen, in 4 Portionen teilen und jeweils um die Schälchen legen. Die Brotkörbchen im vorgeheizten Backofen auf der mitteren Schiene 15 bis 20 Minuten backen. Aus dem Ofen nehmen und abkühlen lassen.

2 Die Paprikaschoten längs halbieren, entkernen, waschen und in Streifen schneiden. Die Essiggurken ebenfalls in Streifen schneiden. Die Frühlingszwiebeln putzen, waschen und in feine Ringe schneiden. Das Rinderfilet in feine Streifen schneiden.

3 In einer Pfanne 2 EL Olivenöl erhitzen, die Filetstreifen darin portionsweise anbraten. Mit 1 EL Paprikapulver, Salz und Pfeffer würzen und warm halten.

4 Erneut 2 EL Olivenöl in der Pfanne erhitzen und die Paprikastreifen darin bei mittlerer Hitze etwa 5 Minuten andünsten. Frühlingszwiebelringe, Tomatenmark und 1 EL Paprikapulver dazugeben, mit dem Rotwein ablöschen und den Rinderfond hinzufügen. Alles bei schwacher Hitze 10 Minuten köcheln lassen, dann die Essiggurkenstreifen unterrühren. Die Sauce mit Salz, Pfeffer, Paprikapulver und 1 TL Zitronenschale abschmecken.

5 Die Tomaten an der Rispe vorsichtig waschen und trocken tupfen. Das restliche Olivenöl in einer Pfanne erhitzen und die Tomaten darin bei schwacher Hitze 5 Minuten braten, mit etwas Fleur de Sel würzen.

6 Die Filetstreifen und die saure Sahne zu dem Paprikagemüse geben und kurz mitköcheln lassen. Die Petersilie waschen und trocken schütteln, die Blätter abzupfen und grob hacken. Zum Anrichten das Gulasch in die Brotkörbchen füllen. Je 1/2 TL Crème fraîche, etwas Zitronenschale und 3 Kirschtomaten an der Rispe auf das Gulasch geben. Mit Petersilie bestreut servieren.

Johannes B. Kerner

» Ein anständiges Gulasch innerhalb der Sendezeit hinzubekommen ist natürlich unmöglich, das weiß auch Andreas. Deshalb griff er zu dem Trick, das Gericht mit Rinderfilet zuzubereiten – und der Trick funktionierte bestens! Das Fleisch war butterzart. «

Das echte Chili con Carne mit Tomatillos und Maiskolben

Kolja Kleeberg

Zutaten für 4 Personen:
1 EL getrockneter Oregano
2 EL gemahlener Kreuzkümmel
1 EL getrockneter Salbei
weißer Pfeffer aus der Mühle
800 g Rinderhackfleisch (grob durchgedreht)
2 Zwiebeln
6 Knoblauchzehen · 8 EL Öl
1 TL Chilipulver · Meersalz
330 ml amerikanisches Bier
1 Dose geschälte Tomaten (ca. 400 g Abtropfgewicht)
1 l Geflügelbrühe
2 Lorbeerblätter
4 Maiskolben (vorgegart und vakuumverpackt)
je 75 g Naturjoghurt und saure Sahne
125 g Speisequark
12 kleine grüne und gelbe Chilischoten
je 1/2 Bund Koriander und Minze
10 Tomatillos
1 EL geriebene Zartbitter-schokolade

1 Für das Chili Oregano, Kreuzkümmel, Salbei und 1 TL Pfeffer in einer großen Schüssel mischen. Das Rinderhackfleisch dazugeben und alles mit den Händen gut mischen und kneten.

2 Die Zwiebeln und den Knoblauch schälen und in feine Würfel schneiden. In einem breiten flachen Topf 4 EL Öl erhitzen und das Fleisch darin bei mittlerer Hitze unter Rühren braten, bis es braun ist. Das Fleisch herausnehmen und beiseitestellen.

3 Die Zwiebeln und den Knoblauch in den Topf geben und im verbliebenen Bratfett bei mittlerer Hitze andünsten. Das Hackfleisch wieder dazugeben, mit Chili und Salz würzen und mit dem Bier ablöschen. Die Dosentomaten gut abtropfen lassen und unterrühren. Die Brühe angießen und die Lorbeerblätter hinzufügen. Das Chili con Carne mit Salz würzen und zugedeckt 30 Minuten köcheln lassen. Den Backofen auf 100 °C vorheizen.

4 In einer Pfanne 4 EL Öl erhitzen und den Mais darin goldbraun braten. Aus der Pfanne nehmen und im vorgeheizten Backofen warm halten.

5 Für den Dip den Joghurt mit der sauren Sahne und dem Quark verrühren, mit Salz und Pfeffer abschmecken.

6 Kurz vor dem Servieren die Chilischoten waschen. Die Kräuter waschen und trocken schütteln, die Blätter abzupfen und fein hacken. Die Tomatillos aus den Hüllblättern lösen, waschen und die Stielansätze entfernen. Die Tomatillos grob zerkleinern und mit den Chilis und den Kräutern zum Chili geben und alles weitere 5 Minuten köcheln lassen.

7 Zum Schluss die Schokolade unterrühren. Das Chili auf tiefe Teller oder Schälchen verteilen, mit je 1 Klecks Joghurt-Dip und den gerösteten Maiskolben servieren.

Johannes B. Kerner

» An dieser Art, Chili con Carne zuzubereiten, haben sich schon in der Sendung die Geister geschieden – was Zuschauerzuschriften betrifft, auch noch lange nach der Sendung. Ich denke, man kann Bier und Schokolade weglassen. Und die Tomatillos sind auch nicht jedermanns Sache, schließlich handelt es sich bei ihnen nicht wirklich um Tomaten, sondern um Verwandte von Stachelbeere oder Physalis. «

Fleischpflanzerl mit Pfifferling-Bohnen-Gemüse

Alfons Schuhbeck

Zutaten für 4 Personen:

Für die Fleischpflanzerl:
80 g Toastbrot
80 ml Milch
1 Zwiebel
1 EL Butter
1/2 Bund Petersilie
je 250 g Kalbs- und Schweinehackfleisch
2 Eier · 2 EL scharfer Senf
abgeriebene Schale von 1/2 unbehandelten Zitrone
Salz · Pfeffer aus der Mühle
getrockneter Majoran und Oregano
3 EL Öl

Für das Gemüse:
3 Tomaten
200 g Pfifferlinge
2 Schalotten
1 Knoblauchzehe
100 g breite grüne Bohnen
Salz · 1–2 TL Öl
1 Streifen unbehandelte Zitronenschale
50 ml Geflügelbrühe
getrocknetes Bohnenkraut
1 EL kalte Butter
Pfeffer aus der Mühle

1 Für die Fleischpflanzerl das Toastbrot entrinden, in Würfel schneiden und in einer Schüssel in der Milch einweichen.

2 Die Zwiebel schälen und in kleine Würfel schneiden. Die Butter in einer Pfanne zerlassen und die Zwiebelwürfel darin bei schwacher Hitze glasig dünsten. Die Petersilie waschen und trocken schütteln, die Blätter abzupfen und grob hacken.

3 Beide Hackfleischsorten mit dem eingeweichten Brot, den verquirlten Eiern, den Zwiebelwürfeln, dem Senf, der Petersilie und der Zitronenschale mischen. Die Hackfleischmasse mit Salz, Pfeffer und je 1 Prise Majoran und Oregano würzen.

4 Aus der Fleischmasse mit angefeuchteten Händen kleine Fleischpflanzerl formen. Das Öl in einer Pfanne erhitzen und die Fleischpflanzerl darin bei mittlerer Hitze auf beiden Seiten goldbraun braten. Die Pflanzerl herausnehmen, auf Küchenpapier abtropfen lassen und warm halten.

5 Für das Gemüse die Tomaten kreuzweise einritzen, überbrühen, häuten, achteln und entkernen. Die Pfifferlinge putzen und mit Küchenpapier trocken abreiben. Die Schalotten schälen und in feine Würfel schneiden. Den Knoblauch schälen und halbieren. Die Bohnen putzen, waschen, schräg in 1 cm breite Stücke schneiden und in kochendem Salzwasser bissfest blanchieren. In ein Sieb abgießen, kalt abschrecken und abtropfen lassen.

6 Das Öl in einer Pfanne erhitzen und die Schalottenwürfel darin bei schwacher Hitze glasig dünsten. Pfifferlinge, Knoblauch und Zitronenschale hinzufügen und 2 Minuten mitbraten. Die Bohnen dazugeben und die Brühe angießen, mit 1 Prise Bohnenkraut würzen. Die Tomaten hinzufügen und die Butter unterrühren. Das Pfifferling-Bohnen-Gemüse mit Salz und Pfeffer würzen, Knoblauch und Zitronenschale wieder entfernen.

7 Die Fleischpflanzerl auf dem Pfifferling-Bohnen-Gemüse anrichten und nach Belieben mit Petersilie garnieren.

Johannes B. Kerner

» Gute Köche sind dann sehr gute Köche, wenn sie gute Bratkartoffeln und sehr gute Frikadellen, Buletten bzw. Fleischpflanzerl machen können. Diese Frikadellen sind hervorragend. Und Alfons gibt noch folgenden Tipp: Nehmen Sie einen wirklich scharfen Senf für die Fleischpflanzerl, denn Senf verliert beim Erhitzen die Hälfte seiner Schärfe. «

Hackauflauf mit Käse und Mandeln

Horst Lichter

Zutaten für 4 Personen:
200 g Champignons
je 1 Möhre und Zwiebel
je 1 gelbe und rote Paprikaschote
2 EL Öl
je 250 g Rinder- und Schweinehackfleisch
3 EL Tomatenmark
4 EL Sahne
2 EL mittelscharfer Senf
Salz · Pfeffer aus der Mühle
3 EL Paprikapulver (edelsüß)
400 g festkochende Kartoffeln
50 g Butter · 2 Eier
250 g Sahnejoghurt
3 EL Mandelblättchen
150 g frisch geriebener Käse (z. B. Emmentaler)

1 Die Champignons putzen, mit Küchenpapier trocken abreiben und in Scheiben schneiden. Die Möhre und die Zwiebel schälen, die Paprika längs halbieren, entkernen und waschen. Das Gemüse in feine Würfel schneiden.

2 Das Öl in einer großen Pfanne erhitzen und das Hackfleisch darin bei mittlerer Hitze unter Rühren braten, bis es braun ist. Das Gemüse dazugeben und 5 Minuten mitbraten. Das Tomatenmark, die Sahne und den Senf unterrühren. Das Hackfleisch mit Salz, Pfeffer und Paprikapulver abschmecken und vom Herd nehmen.

3 Den Backofen auf 200 °C vorheizen. Die Kartoffeln schälen, waschen und in dünne Scheiben schneiden. Eine ofenfeste Form mit der Butter einfetten. Die Form mit Kartoffelscheiben auslegen, etwas Hack-Gemüse-Mischung daraufgeben und wieder eine Schicht Kartoffeln darauf verteilen. So weiterverfahren, bis alle Zutaten aufgebraucht sind, die letzte Schicht sollten Kartoffelscheiben sein.

4 Die Eier und den Joghurt verrühren und mit Salz und Pfeffer würzen. Die Eiermasse über dem Auflauf verteilen. Die Mandelblättchen und den Käse mischen und darüberstreuen. Den Hackauflauf im vorgeheizten Backofen auf der untersten Schiene etwa 30 Minuten backen. In Stücke schneiden und nach Belieben mit Petersilie garniert servieren.

Johannes B. Kerner

» Komisch, dass in der Sendung so selten Aufläufe gemacht werden. Schließlich haben Aufläufe den Vorteil, dass man zwar eine Zeit lang viel zu tun hat, dann aber alles nur in eine ofenfeste Form füllt, in den Ofen schiebt und von da an unheimlich viel Zeit hat, aufzuräumen, abzuwaschen, den anderen vier Köchen zu helfen – bzw. in Horsts Fall auch mal auf die Nerven zu gehen. «

Gegrilltes Steak Tatar auf Kapern-Kartoffelstampf

Ralf Zacherl

Zutaten für 4 Personen:

Für den Kartoffelstampf:
600 g mehlig kochende Kartoffeln (z. B. Linda)
Salz
1 EL eingelegte Kapern
2 EL Olivenöl

Für die Marinade:
1 Bund Frühlingszwiebeln
120 g Kirschtomaten
1/2 Bund Basilikum
4 Stiele Koriander
1–2 Peperoni (je nach Schärfe)
1 unbehandelte Limette
50 g Pinienkerne
3 EL Sojasauce
3 EL Olivenöl
1 EL Korianderkörner (geröstet und gemahlen)
Salz · Honig

Für die Steaks:
700 g Rinderfilet
Salz · Pfeffer aus der Mühle

1 Für den Kartoffelstampf die Kartoffeln schälen, waschen und in grobe Würfel schneiden. In einem Topf in reichlich Salzwasser etwa 15 Minuten weich kochen.

2 Inzwischen für die Marinade die Frühlingszwiebeln putzen, waschen und in feine Ringe schneiden. Die Tomaten waschen und vierteln. Das Basilikum und den Koriander waschen und trocken schütteln, die Blätter abzupfen und klein schneiden. Die Peperoni längs halbieren, entkernen, waschen und in feine Würfel schneiden. Die Limette heiß waschen, trocken reiben und die Schale fein abreiben. Dann die Limette so schälen, dass auch die weiße Haut mit entfernt wird, und die Filets aus den Trennhäuten schneiden. Alle Zutaten miteinander vermischen.

3 Die Pinienkerne in einer beschichteten Pfanne ohne Fett anrösten und zu der Marinade geben. Sojasauce, Olivenöl und gemahlenen Koriander untermischen und die Marinade mit Salz und Honig abschmecken.

4 Für die Steaks das Filet in 4 gleich große Stücke schneiden. Eine Seite der Steaks jeweils mit einem scharfen Messer gitterförmig etwa 2 cm tief einschneiden, sodass die Oberfläche wie gehackt aussieht. Die Steaks auf der glatten Unterseite mit Salz und Pfeffer würzen und mit Küchengarn in Form binden. Eine Grillpfanne erhitzen und die Rindersteaks darin auf der glatten Seite bei starker Hitze 3 bis 5 Minuten braten.

5 Die Kartoffelwürfel abgießen, gut abtropfen lassen und zurück in den Topf geben. Die Kapern und das Olivenöl hinzufügen und alles mit dem Kartoffelstampfer zerdrücken. Mit Salz abschmecken. Den Kapern-Kartoffelstampf auf Teller verteilen. Die Steaks mit der gegrillten Seite nach unten darauf anrichten und großzügig mit der Marinade beträufeln.

Johannes B. Kerner

» Dieses Gericht war der Hammer. Warum? Weil ich noch nie zuvor erlebt hatte, dass man auf diese Art und Weise ein Rinderfilet zubereiten kann. Durch die gitterförmigen Einschnitte an der Oberfläche, die dann eigentlich nur durch die Marinade leicht gart, kommt das Filet fast wie Tatar daher, ist aber auf der Unterseite durch das Braten knusprig. Das Fleisch war so lecker, dass ich ausnahmsweise sogar den leichten Koriandergeschmack verzeihen konnte. Beim Nachkochen würde ich den frischen weglassen und nur den gerösteten Koriander nehmen. «

Rinderfiletstreifen mit Gemüse und Duftreis

Sarah Wiener

Zutaten für 4 Personen:
500 g Rinderfilet
1/2 TL Meersalz
20 g Palmzucker
4 EL helle Sojasauce
2 Knoblauchzehen
2 rote Chilischoten
40 g Frühlingszwiebeln
100 g Baby-Maiskolben
100 g Shiitakepilze
1 Kopf Pak Choi
2 Möhren
80 g Chinesischer Brokkoli
100 ml hochwertiges Öl
300 g Duftreis (Langkornreis)
Salz · 1 EL Sesamöl
2 EL Austernsauce
1/2 TL Speisestärke

1 Das Rinderfilet zuerst in dünne Scheiben und dann in feine Streifen schneiden. Das Meersalz im Mörser zerstoßen und mit dem Palmzucker und der Sojasauce in einer Schüssel mischen. Die Rindfleischstreifen in die Marinade legen und etwa 30 Minuten ziehen lassen.

2 Den Knoblauch schälen. Die Chilischoten längs halbieren, nach Belieben entkernen und waschen. Die Frühlingszwiebeln putzen und waschen. Knoblauch, Chili und Frühlingszwiebeln in feine Würfel bzw. Ringe schneiden. Die Maiskolben putzen, waschen und längs halbieren, die Shiitakepilze putzen und mit Küchenpapier trocken abreiben. Den Pak Choi putzen, mit dem Strunk waschen und nur grob zerkleinern, kleine Blätter ganz lassen. Die Möhren putzen, schälen und in feine Streifen (Julienne) schneiden. Den Brokkoli putzen, waschen und in Röschen teilen, den Strunk klein schneiden.

3 Etwas Öl im Wok erhitzen und das marinierte Fleisch darin portionsweise anbraten. Herausnehmen und auf Küchenpapier abtropfen lassen.

4 Den Reis waschen und in einem Topf in 600 ml Salzwasser bei mittlerer Hitze zugedeckt aufkochen lassen. Dann die Hitze reduzieren und den Reis etwa 20 Minuten garen, bis er das Wasser vollständig aufgenommen hat. Den Topf vom Herd nehmen und den Reis einige Minuten nachquellen lassen.

5 Inzwischen etwas Öl im Wok erhitzen, Knoblauch, Chili und Frühlingszwiebeln darin anbraten. Die Strunkstücke von Pak Choi und Brokkoli dazugeben, dann den restlichen Pak Choi und das übrige Gemüse hinzufügen und alles unter Rühren 2 Minuten anbraten.

6 Das Fleisch zum Gemüse in den Wok geben und mitbraten. Das Sesamöl mit der Austernsauce mischen und unterrühren. Alles abschmecken und eventuell mit Salz würzen. Die Speisestärke mit 3 EL kaltem Wasser anrühren und untermischen, alles kurz aufkochen lassen. Die Rinderfiletstreifen und das Gemüse mit dem Reis servieren. Den Reis nach Belieben mit gehacktem Koriander bestreuen.

Johannes B. Kerner

» Wenn Sie gern asiatisch kochen, werden Sie Ihre Bezugsquellen für all die speziellen Zutaten in diesem Gericht haben. Chinesischer Brokkoli, helle Sojasauce oder Pak Choi gibt es nicht an jeder Ecke, aber in den meisten Asialäden. Der positive Nebeneffekt: Dort ist vieles auch wesentlich preiswerter als im Supermarkt oder Feinkostladen. Ansonsten bestellen Sie bei Ihrem China-Lieferservice einfach die ›Kleine 1‹ und werden nicht in den Geschmack von Sarahs leckeren Rinderfiletstreifen kommen. «

Scharfes Rinderfilet auf Salatherzen mit Senfdressing

Horst Lichter

Zutaten für 4 Personen:

Für den Salat:
je 1 Bund Dill, Schnittlauch und Petersilie
200 ml Olivenöl
100 ml Aceto balsamico
2 EL süßer Senf
1 EL Sahnemeerrettich (aus dem Glas)
Salz · Pfeffer aus der Mühle
Zucker
8 kleine Salatherzen
2 Köpfe Radicchio di Treviso

Für das Rinderfilet:
800 g Rinderfilet
Salz · Pfeffer aus der Mühle
2 EL Öl
je 2 rote und grüne Chilischoten
1 Bund Frühlingszwiebeln
1 Thymianzweig
150 g Kräuterbutter (Fertigprodukt)
1 EL Tomatenmark
200 g Sahne
1 Handvoll Rote-Bete-Sprossen

1 Für den Salat die Kräuter waschen, trocken schütteln und fein hacken. Das Olivenöl und den Essig in einem Schälchen mit dem Schneebesen verrühren, die Kräuter, den Senf und den Sahnemeerrettich hinzufügen. Die Sauce mit Salz, Pfeffer und Zucker würzen und gut verrühren.

2 Für das Rinderfilet das Fleisch in Scheiben schneiden, mit Salz und Pfeffer würzen. Das Öl in einer Pfanne erhitzen und das Fleisch darin auf beiden Seiten scharf anbraten.

3 Die Chilischoten längs halbieren, entkernen, waschen und in feine Streifen schneiden. Die Frühlingszwiebeln putzen, waschen und schräg in Ringe schneiden. Den Thymian waschen und trocken schütteln, die Blätter abzupfen. Das Fleisch aus der Pfanne nehmen, Chilis und Frühlingszwiebeln im verbliebenen Bratfett anbraten. Die Kräuterbutter hinzufügen und schmelzen lassen, dann das Tomatenmark unterrühren. Die Sahne dazugießen und die Sauce mit Salz, Pfeffer und Thymian würzen. Kurz vor dem Servieren das Fleisch in die Sauce geben und darin erwärmen.

4 Die Rote-Bete-Sprossen in einem Sieb abbrausen und gut abtropfen lassen. Die Salatherzen waschen und trocken schütteln. Den Radicchio putzen, in die einzelnen Blätter teilen, waschen und trocken schütteln. Die Radicchioblätter um die Salatherzen legen, auf Tellern anrichten und mit der Salatsauce beträufeln. Die Rinderfiletscheiben danebensetzen und mit der scharfen Sauce übergießen. Mit den Rote-Bete-Sprossen garnieren.

Johannes B. Kerner

» Fleisch mit Salat finde ich grundsätzlich lecker. Radicchio finde ich allerdings manchmal anstrengend, weil er so bitter ist. Wenn es Ihnen ähnlich geht, dann versuchen Sie doch mal folgenden Trick: Waschen Sie die Salatblätter in lauwarmem Wasser mit 1 Schuss Essig, das entzieht ihnen nämlich einen Großteil der Bitterstoffe. In diesem Rezept wird das Bittere eh schon in den Hintergrund gedrängt, weil der Radicchio mit der Fleisch- und der Salatsauce gleich zwei scharfe Begleiter hat. «

Rinderfiletsteaks mit Kardamom-Knoblauch-Butter

Alfons Schuhbeck

Zutaten für 4 Personen:
ca. 2 TL Öl zum Braten
4 Scheiben Rinderfilet (à 100 g; ersatzweise Rinderlendenscheiben)
150 g Kaiserschoten
1 kleine Fenchelknolle
1 Möhre
Salz · Pfeffer aus der Mühle
50 ml Gemüsebrühe
150 g weiße Bohnen (aus der Dose)
frisch geriebene Muskatnuss
4 EL Butter
1 EL Dillspitzen
1 Knoblauchzehe
1 Vanilleschote
6 grüne Kardamomkapseln

1 Den Backofen auf 80 °C vorheizen. Ein Ofengitter auf die mittlere Schiene und darunter ein Abtropfblech schieben. Das Öl in einer Pfanne erhitzen und die Filetsteaks darin bei mittlerer Hitze rundum anbraten. Aus der Pfanne nehmen und auf dem Ofengitter im vorgeheizten Backofen 20 Minuten garen.

2 Die Kaiserschoten putzen, waschen und schräg halbieren. Den Fenchel putzen, waschen und in 2 cm große Stücke schneiden. Die Möhre putzen, schälen und längs halbieren. Alle Gemüsesorten nacheinander in kochendem Salzwasser bissfest blanchieren. In ein Sieb abgießen, kalt abschrecken und abtropfen lassen.

3 Die Rindersteaks aus dem Ofen nehmen, in eine vorgewärmte ofenfeste Form oder auf ein Backblech legen und mit Salz und Pfeffer würzen.

4 Kurz vor dem Servieren die Brühe in einer Pfanne erhitzen und das Gemüse darin erwärmen. Die weißen Bohnen in ein Sieb abgießen, waschen, zum Gemüse geben und ebenfalls erwärmen. Mit Salz, Pfeffer und 1 Prise Muskatnuss würzen. In einer kleinen Pfanne 1 TL Butter langsam erhitzen, bis sie goldbraun ist und ein nussiges Aroma hat. Diese braune Butter mit 1 weiteren TL Butter und dem Dill über das Gemüse geben.

5 Den Knoblauch schälen und in Scheiben schneiden. Die Vanilleschote längs aufschneiden und das Mark herauskratzen. In einer Pfanne 3 EL Butter zerlassen, Knoblauchscheiben, Vanilleschote und -mark sowie die Kardamomkapseln darin kurz anrösten. Die Rindersteaks in der Würzbutter wenden, die ganzen Gewürze entfernen. Die Rinderfiletsteaks eventuell nochmals mit Salz würzen und mit dem Gemüse und der Kardamom-Knoblauch-Butter auf Tellern anrichten.

Johannes B. Kerner

» Haben Sie einen Backofen? Dann merken Sie sich gut die Temperaturangabe 80 °C. Und benutzen Sie Ihre Pfanne nur noch zum Anbraten. Das perfekte Steak ›reift‹ im Ofen – zumindest wenn Sie es nicht ›durch‹ haben wollen, denn dann können Sie es auch in der Pfanne zubereiten. Übrigens hat Horst in der Sendung einmal gezeigt, dass das Ganze auch andersherum bestens funktioniert: Das Fleisch erst bei 80 °C 18 bis 20 Minuten im Ofen garen und dann ganz scharf fertig braten, damit es außen knusprig wird. «

Roastbeef mit Kräuterkruste
und gefülltem Yorkshire-Pudding

Zutaten für 4 Personen:

Für das Roastbeef:
2 kg Roastbeef
Salz · Pfeffer aus der Mühle
2–3 EL Olivenöl
je 1 Bund Estragon, Petersilie, Kerbel und Thymian
150 g weiche Butter
150 g Semmelbrösel
100 g geriebener Parmesan

Für das Gemüse:
1 große Dose weiße Bohnen (450 g Abtropfgewicht)
500 g Kirschtomaten
2 Knoblauchzehen
2 EL Olivenöl
2 EL Tomatenmark
2 unbehandelte Zitronen
50 g getrocknete Tomaten
Salz · Pfeffer aus der Mühle
Zucker

Für den Yorkshire-Pudding:
6 TL Öl
200 g Mehl · 175 ml Milch
2 Eier · Salz
100 g Tiefkühl-Blattspinat (aufgetaut)
100 g geriebener Parmesan
150 g Speisequark oder Ricotta

1 Für das Roastbeef den Backofen auf 180 °C vorheizen. Das Fleisch mit Salz und Pfeffer würzen. Das Olivenöl in einer ofenfesten Pfanne erhitzen und das Roastbeef darin rundum scharf anbraten. Dann im vorgeheizten Backofen auf der mittleren Schiene 20 Minuten garen. Die Kräuter waschen, trocken schütteln und fein hacken. Die Butter in einer Schüssel cremig rühren und die Kräuter untermischen. Die Semmelbrösel und den Parmesan unterrühren, mit Salz und Pfeffer würzen. Das Roastbeef aus dem Ofen nehmen, mit der Kräutermasse bestreichen und im Ofen weitere 10 Minuten garen. Dann herausnehmen und in Alufolie gewickelt etwa 10 Minuten ruhen lassen.

2 Für das Gemüse die Bohnen in ein Sieb abgießen, waschen und gut abtropfen lassen. Die Tomaten waschen. Den Knoblauch schälen, in feine Würfel schneiden und im heißen Olivenöl goldbraun braten. Die Bohnen dazugeben und mit anbraten. Das Tomatenmark unterrühren. Die Tomaten dazugeben und so lange garen, bis sie platzen und der Saft austritt. Die Zitronen heiß waschen, 2 TL Schale fein abreiben und den Saft auspressen. Die getrockneten Tomaten klein schneiden. Das Gemüse mit Salz, Pfeffer, Zucker, Zitronenschale und -saft sowie den getrockneten Tomaten abschmecken.

3 Für den Yorkshire-Pudding den Backofen auf 200 °C vorheizen. In die 6 Vertiefungen einer Muffinform jeweils 1 TL Öl gießen und das Öl im vorgeheizten Backofen 5 bis 10 Minuten sehr heiß werden lassen. Inzwischen das Mehl in eine Schüssel sieben, 100 ml Wasser und die Milch dazugeben und mit den Quirlen das Handrührgeräts verrühren. Die Eier und 1 Prise Salz unterrühren. Die Muffinform aus dem Ofen nehmen und den Teig rasch in die Vertiefungen gießen. Auf der mittleren Schiene 15 Minuten backen.

4 Den Spinat gut ausdrücken und grob hacken, mit dem Parmesan und dem Quark mischen. Die Yorkshire-Puddings aus dem Ofen nehmen. Die Oberflächen jeweils eindrücken, mit der Spinatmasse füllen und die Puddings nochmals 5 Minuten im Ofen backen. Herausnehmen und aus der Form lösen. Das Roastbeef in Scheiben schneiden und mit dem Gemüse anrichten. Die gefüllten Yorkshire-Puddings dazu servieren.

Johannes B. Kerner

» Es gibt einige Gerichte bzw. Zutaten, die leider etwas von ihrem Zauber eingebüßt haben. Mir geht das so mit Roastbeef. Auf den Büfetts dieser Erde findet sich immer Roastbeef mit Remouladensauce. Und das arme Fleisch hat mit so einem leckeren Roastbeef nahezu nie etwas zu tun: Es ist von trauriger Qualität, ausgetrocknet und geschmacklos. Dieses Rezept gibt mir den Glauben an das geröstete Rind zurück, auch wenn ich Yorkshire-Pudding nicht zu meinen Lieblingsspeisen zählen würde. «

Lammrücken im Artischockenboden mit Rucola

Mario Kotaska

Zutaten für 4 Personen:
4 Artischocken oder
4 große Artischockenböden
(aus dem Glas)
200 ml Geflügelfond
800 g Lammrücken
(ausgelöst)
150 g Sahne
3 Knoblauchzehen
Salz · Pfeffer aus der Mühle
frisch geriebene Muskatnuss
4 EL Olivenöl
je 1 rote und gelbe
Paprikaschote
5 längliche Schalotten
1 Zucchino · 50 g Pinienkerne
je 1/2 Bund Thymian
und Rosmarin
1 Bund Basilikum
100 ml Lammfond
2 Bund Rucola
4 EL Aceto balsamico
1 TL Zitronensaft

1 Von den Artischocken die äußeren Hüllblätter großzügig abzupfen und den Stiel entfernen. Von den inneren Blättern gut zwei Drittel abschneiden. Mit einem Kugelausstecher oder scharfkantigen Teelöffel das Heu auslösen – es soll nur der saubere Boden übrig bleiben. Den Fond in einem Topf zum Kochen bringen und die Artischockenböden darin kurz blanchieren. Mit dem Schaumlöffel herausnehmen, kalt abschrecken und trocken tupfen. Die ausgelösten Artischockenböden aus dem Glas mit Küchenpapier trocken tupfen.

2 Aus dem Lammrücken 4 Scheiben in der Größe der Artischockenböden schneiden. Den Rest des Lammfleischs im Küchenmixer fein zerkleinern und die Sahne untermixen (das Verhältnis sollte zwei Drittel Fleisch und ein Drittel Sahne sein). Die Lammfarce kühl stellen.

3 Den Knoblauch schälen und in feine Würfel schneiden. Die Lammscheiben mit Salz, Pfeffer und Muskatnuss würzen. In einer Pfanne 2 EL Olivenöl erhitzen und das Fleisch darin mit dem Knoblauch auf beiden Seiten scharf anbraten. Aus der Pfanne nehmen und beiseitestellen.

4 Die Paprikaschoten längs halbieren, entkernen und waschen. Die Schalotten schälen, den Zucchino putzen und waschen. Das Gemüse in feine Würfel schneiden und in der Pfanne im verbliebenen Bratfett kurz andünsten. Das Gemüse mit Salz und Pfeffer würzen. Die Pinienkerne in einer beschichteten Pfanne ohne Fett anrösten.

5 Den Backofen auf 180 °C vorheizen. Thymian und Rosmarin waschen und trocken schütteln, die Blätter bzw. Nadeln abzupfen und fein hacken. Einen Teil der Kräuter mit dem angedünsteten Gemüse unter die Lammfarce rühren. Das Basilikum waschen, gut trocken schütteln und die Blätter abzupfen. Die Lammstücke mit den Basilikumblättern ummanteln.

6 Die Artischockenböden in eine ofenfeste Form setzen, jeweils etwas Lammfarce daraufgeben und verstreichen. Das Lammfleisch daraufsetzen, mit der restlichen Farce bedecken und im vorgeheizten Backofen auf der mittleren Schiene 18 bis 20 Minuten garen. Dabei immer wieder etwas Lammfond angießen, damit die Artischockenböden nicht zu dunkel werden.

7 Den Rucola waschen und trocken schütteln, grobe Stiele entfernen. Das restliche Olivenöl in einer Pfanne erhitzen und den Rucola darin schwenken. Die Pinienkerne und die restlichen gehackten Kräuter dazugeben. Den Essig hinzufügen und den Rucola mit Zitronensaft, Salz und Pfeffer abschmecken. Die Bratensauce und den Rucola auf Teller verteilen, die Artischockenböden halbieren und darauf anrichten.

Johannes B. Kerner

» Es ist immer wieder unglaublich, wie viel von einer Artischocke ungenutzt bleibt, um ausschließlich ihren Boden zu essen. Für viele ist das aufwendige Artischockenputzen eine Wissenschaft für sich. Man ist also auf der sicheren Seite, wenn man, wie im Rezept angegeben, bereits ausgelöste und vorgegarte Böden aus dem Glas verwendet. «

Lammkoteletts mit Auberginen

Cornelia Poletto

Zutaten für 4 Personen:
2 Auberginen
Fleur de Sel
10 EL Olivenöl
4 Zweige Thymian
Salz · Pfeffer aus der Mühle
12 Lammkoteletts
1 Knoblauchzehe
2 Zweige Rosmarin

1 Den Backofen auf 180 °C vorheizen. Die Auberginen waschen und trocken tupfen. Eine Aubergine längs halbieren, die andere in hauchdünne Scheiben schneiden. Die Auberginenscheiben mit Fleur de Sel würzen und 15 Minuten Wasser ziehen lassen. Die Auberginenhälften ebenfalls mit Fleur de Sel würzen und mit 1 EL Olivenöl beträufeln. Die Thymianzweige waschen, trocken schütteln und auf eine Auberginenhälfte legen. Die andere Hälfte daraufgeben und die zusammengesetzte Aubergine in Alufolie wickeln. Im vorgeheizten Backofen auf der mittleren Schiene etwa 20 Minuten garen.

2 Die Auberginenhälften aus dem Ofen nehmen, die Folie entfernen und das Fruchtfleisch mit einem Esslöffel aus der Schale lösen. Das Auberginenfleisch mit dem Stabmixer zu einer glatten Creme pürieren, mit Salz und Pfeffer würzen und warm halten.

3 Die Lammkoteletts mit Salz und Pfeffer würzen. Den Knoblauch schälen und andrücken. In einer Pfanne 2 EL Olivenöl erhitzen und die Koteletts darin mit dem Knoblauch auf jeder Seite etwa 3 Minuten rosa braten. Den Rosmarin waschen, trocken schütteln und die Nadeln abzupfen. Die Lammkoteletts mit den Rosmarinnadeln bestreuen und warm halten.

4 Die Auberginenscheiben waschen und mit Küchenpapier gut trocken tupfen. Das restliche Olivenöl portionsweise in einer Pfanne erhitzen und die Auberginenscheiben darin schwimmend ausbacken.

5 Jeweils etwas Auberginenpüree auf die Auberginenscheiben geben und je 3 Scheiben übereinanderschichten. Die gebratenen Lammkoteletts mit den Auberginentürmchen anrichten.

Johannes B. Kerner

» Viele tun sich mit dem Geschmack von Lammfleisch schwer: Sie finden ihn zu streng und zu extrem. Ich mag Lamm in allen Variationen – Haxe, Rücken, Kotelett, Filet, egal. Cornelia mag ich im Übrigen auch, was bei einem so lammfrommen Menschen, wie sie es ist, auch nicht verwundert. Es verwundert auch nicht, dass sie weiß, mit wem das Lamm besonders gut kann. Diese Koteletts verstehen sich nämlich blendend mit Auberginen, vor allem in der Kombination von Auberginencreme und ausgebackenen -scheiben. «

Lammrücken im Kartoffelmantel »Bocuse d'Or«

Lea Linster

Zutaten für 4 Personen:

Für den Lammrücken:
800 g festkochende Kartoffeln
6 EL Öl
2–3 EL grob gehackte Petersilie
400–500 g Lammrücken (ausgelöst)
Salz · Pfeffer aus der Mühle
50 g frisch geriebenes Weißbrot (Semmelbrösel)

Für die Sauce:
1/2 l Lammfond
1 Zweig Rosmarin
50 g kalte Butter (in kleinen Stücken)
Meersalz
Pfeffer aus der Mühle

Für das Gemüse:
1 Bund junge Möhren (ca. 10 Stück)
60–80 g Butter
Meersalz · Zucker
2 Knoblauchzehen
ca. 400 g grüne Bohnenkerne (frisch oder tiefgekühlt)

1 Für den Lammrücken die Kartoffeln schälen, waschen und in feine Streifen hobeln. Die Kartoffelstreifen gut ausdrücken und mit Küchenpapier trocken tupfen. Die Hälfte des Öls in einer großen beschichteten Pfanne erhitzen und die Hälfte der Kartoffelstreifen als einen etwa 1/2 cm dicken Kartoffelpuffer (etwa 24 cm Durchmesser) in die Pfanne geben. Nur auf einer Seite goldbraun backen, dabei darauf achten, dass kein Öl an die Oberfläche kommt. Den Kartoffelkuchen mit der gebratenen Seite nach unten auf ein Küchentuch gleiten lassen und mit der Hälfte der Petersilie bestreuen. Aus den restlichen Kartoffeln im übrigen heißen Öl einen weiteren Kartoffelpuffer backen, ebenfalls auf ein Küchentuch geben und mit der restlichen Petersilie bestreuen.

2 Den Backofen auf 220 °C vorheizen. Ein Ofengitter auf die mittlere Schiene und darunter ein Abtropfblech schieben. Das Fleisch in 2 gleich große Stücke à 20 cm Länge schneiden. Mit Salz und Pfeffer würzen und in den Bröseln wenden. Die Lammstücke jeweils auf das untere Drittel der Kartoffelpuffer legen und mithilfe des Küchentuchs darin einrollen. Die Kartoffeln andrücken und die seitlichen Enden zusammendrücken. Die Lammrücken auf dem Gitter im vorgeheizten Backofen 15 Minuten rosa garen.

3 Für die Sauce den Lammfond mit dem gewaschenen Rosmarin in einem Topf bei starker Hitze auf die Hälfte einkochen lassen. Dann den Rosmarin entfernen. Kurz vor dem Servieren die Butter mit dem Stabmixer unter die Sauce rühren, mit Salz und Pfeffer abschmecken.

4 Für das Gemüse die Möhren putzen, schälen und längs halbieren. Die Butter in einem Topf mit dickem Boden bei mittlerer Hitze aufschäumen, die Möhren hinzufügen und mit Salz und 1 Prise Zucker würzen. Den ungeschälten Knoblauch hinzufügen und die Möhrenhälften in der Butter zugedeckt bei schwacher Hitze 15 Minuten langsam hellbraun schmoren bzw. karamellisieren lassen, dabei nach 7 Minuten den Deckel abnehmen.

5 Die Bohnenkerne in kochendem Salzwasser etwa 4 Minuten blanchieren. In ein Sieb abgießen, kalt abschrecken und abtropfen lassen. Das Fleisch aus dem Backofen nehmen und in je 4 Scheiben schneiden. Je 2 Scheiben Lammrücken mit den Möhren und den Bohnen auf Tellern anrichten, mit der Sauce beträufeln und nach Belieben mit Kerbelblättern garniert servieren.

Johannes B. Kerner

» Ich habe dieses Gericht schon ein paar Mal nachgekocht, weil es nicht so kompliziert ist, wie man denkt. Einmal habe ich auch den Lammfond selbst gemacht, was zwar eine unglaubliche Arbeit war und Stunden gedauert hat, sich aber des Geschmacks wegen doch gelohnt hat. «

Hirschrückensteaks in Printen-Rotwein-Sauce

Horst Lichter

Zutaten für 4 Personen:

Für die Sauce:
1 kleine rote Zwiebel
50 g Petersilienwurzel
1 EL Walnussöl
1 TL Butter
5 Wacholderbeeren
4 Gewürznelken
1 Orange
1 Winterapfel
(z. B. Cox Orange)
3/4 l Rotwein
1 Zweig Rosmarin
2 Stiele Koriander
Mark von 1 Vanilleschote
Salz · Pfeffer aus der Mühle
4 trockene Printen
150 g Crème double

Für die Steaks:
1 kg Hirschrücken (ausgelöst)
Salz · Pfeffer aus der Mühle
2 EL Öl
Waldhonig zum Beträufeln

Für das Gemüse:
500 g Rosenkohl · Salz
ca. 200 g Semmelbrösel
100 g gemahlene Walnüsse
frisch geriebene Muskatnuss
ca. 200 g Mehl · 6 Eier
Öl zum Ausbacken

Für das Püree:
500 g mehlig kochende
Kartoffeln · Salz
4 Eier · 100 g Butter
1/8 l Milch
frisch geriebene Muskatnuss

1 Für die Sauce die Zwiebel schälen und in feine Würfel schneiden. Die Petersilienwurzel schälen und klein schneiden. Das Öl und die Butter in einer tiefen Pfanne erhitzen und die Zwiebel darin andünsten. Die Wacholderbeeren in einem Mörser zerdrücken, mit den Nelken und der Petersilienwurzel hinzufügen und kurz mitdünsten.

2 Die Orange so großzügig schälen, dass auch die weiße Haut mit entfernt wird, und die Filets aus den Trennhäuten schneiden. Den Apfel waschen, vierteln und in dünne Stifte schneiden, dabei das Kerngehäuse entfernen. Die Orangenfilets und Apfelstifte in die Pfanne geben. Etwa 150 ml Rotwein angießen und die Sauce etwas einköcheln lassen. Die Kräuter waschen, trocken schütteln und die Nadeln bzw. Blätter abzupfen. Die Sauce mit den Kräutern, dem Vanillemark, Salz und Pfeffer abschmecken.

3 Die Printen in etwas Rotwein einweichen und dann zerbröckeln. Die Lebkuchen und die Crème double unter die Sauce rühren, sodass sie cremig wird. Die Sauce warm halten.

4 Für die Steaks den Backofengrill einschalten. Den Hirschrücken in 4 Steaks schneiden, mit Salz und Pfeffer würzen. Das Öl in einer ofenfesten Pfanne erhitzen und die Steaks darin auf beiden Seiten anbraten. Mit Honig beträufeln und unter dem Backofengrill glasieren.

5 Für das Gemüse den Rosenkohl putzen, waschen und in kochendem Salzwasser 4 Minuten blanchieren. Die Semmelbrösel mit den Walnüssen mischen und mit Muskatnuss würzen. Den Rosenkohl zuerst im Mehl wenden, dann durch die verquirlten Eier ziehen und zuletzt mit der Brösel-Walnuss-Mischung panieren. Reichlich Öl in einer tiefen Pfanne erhitzen und den Rosenkohl darin goldbraun ausbacken.

6 Für das Püree die Kartoffeln waschen und mit Schale in reichlich Salzwasser 20 Minuten garen. Die Eier trennen. Die Kartoffeln noch heiß pellen und durch die Kartoffelpresse in eine Schüssel drücken. Eigelbe, Butter und Milch hinzufügen und mit dem Schneebesen unterrühren, mit Salz und Pfeffer würzen. Die Eiweiße zu steifem Schnee schlagen und mit Muskatnuss würzen. Die Hirschrückensteaks mit der Printen-Rotwein-Sauce anrichten. Das Kartoffelpüree dazu servieren und mit dem Muskat-Eischnee garnieren.

Johannes B. Kerner

» Ich muss schon sagen: Die Sahne wegzulassen und stattdessen Crème double zu nehmen – Du bist ein Fuchs, Horst! Und dass ein Fuchs natürlich weiß, wie man einen Hirsch erlegt, steht außer Frage. Ein weiterer Beweis dafür, wie gut Horst in der Küche ist. «

Rehkeule mit Chicorée und Lorbeerfeigen

Kolja Kleeberg

Zutaten für 4 Personen:

Für die Rehkeule:
1 Rehkeule
(600–800 g; ausgelöst)
Salz · Pfeffer aus der Mühle
1 Bund Rosmarin
1 EL Wacholderbeeren
1 unbehandelte Orange
2 unbehandelte Zitronen
3 EL Olivenöl
100 g Butter
1/2 Knoblauchknolle
4 Schalotten
5 Champignons
4 Stauden Chicorée
100 ml trockener Weißwein
4 cl weißer Portwein
1/4 l Wildfond
2 EL Speisestärke
100 g geschälte
Piemonteser Haselnüsse
1 EL Butter

Für die Feigen:
8 violette Feigen
8 frische Lorbeerblätter
100 ml Rotwein
200 ml Portwein

1 Für die Rehkeule das Fleisch mit Salz und Pfeffer würzen. Den Rosmarin waschen, trocken schütteln und die Nadeln abzupfen. Die Wacholderbeeren im Mörser zerdrücken. Die Zitrusfrüchte heiß waschen, trocken reiben und die Schale fein abreiben. Die Hälfte der Rosmarinnadeln mit den Wacholderbeeren, den Zitrusschalen und dem Olivenöl vermischen und die Rehkeule damit rundum bestreichen.

2 Den Backofen auf 170 °C vorheizen. Die Butter in einem Bräter aufschäumen lassen und die Rehkeule darin rundum goldbraun anbraten. Den restlichen Rosmarin hacken. Knoblauch und Schalotten schälen und in Scheiben schneiden. Die Champignons putzen, trocken abreiben und ebenfalls in Scheiben schneiden. Alles in den Bräter geben und mitbraten. Dann das Gemüse in die Mitte schieben und die Rehkeule daraufsetzen.

3 Den Chicorée putzen, waschen, längs halbieren und den Strunk herausschneiden. Die Chicoréehälften jeweils mit der Schnittseite nach unten in den Bräter geben und mitbraten. Mit dem Weißwein und dem Portwein ablöschen und die Keule wenden. Die Rehkeule im vorgeheizten Backofen auf der mittleren Schiene 20 bis 30 Minuten rosa (medium) garen, dabei das Fleisch gelegentlich mit dem Bratenfond übergießen.

4 Inzwischen für die Lorbeerfeigen die Feigen waschen, trocken tupfen und oben einschneiden. Die Lorbeerblätter in die Feigen stecken. Den Rotwein und den Portwein in einem kleinen ofenfesten Topf einköcheln lassen, flambieren und die Feigen hineinsetzen. Die Feigen zu dem Bräter in den Backofen stellen und zugedeckt 10 bis 15 Minuten weich schmoren.

5 Die Rehkeule und den Chicorée aus dem Bräter nehmen und zugedeckt 10 Minuten ruhen lassen. Den Bratenfond durch ein Sieb in einen Topf passieren, den Wildfond angießen und kurz einköcheln lassen. Die Stärke mit etwas kaltem Wasser anrühren und die Sauce damit binden. Die Sauce mit Salz und Pfeffer abschmecken und nochmals durch ein Sieb passieren.

6 Die Haselnüsse grob hacken und in einer beschichteten Pfanne in der Butter anrösten. Die Rehkeule aufschneiden, mit dem Chicorée, den Feigen und der Sauce anrichten. Den Chicorée mit den Haselnüssen bestreuen.

Johannes B. Kerner

» Kolja gab in der Sendung noch den wichtigen Hinweis, dass man sich nicht scheuen sollte, Wild rosa zu servieren, auch wenn man oft liest, dass es durchgegart werden soll. Durchgebraten ist eine Rehkeule zu trocken. Und er hat recht: Die Angst, das Wild würde rosa gegart strenger schmecken, ist bei erstklassiger Ware unbegründet. «

Damhirschrücken in der Haselnusskruste mit Maronen

Johann Lafer

Zutaten für 4 Personen:

Für den Hirschrücken:
2 EL Butterschmalz
800 g Damhirschrücken (ausgelöst)
1 Zweig Rosmarin
3 Zweige Thymian
1 Schalotte (geschält und halbiert)
3 Wacholderbeeren
Salz · Pfeffer aus der Mühle
125 g weiche Butter
1 Eigelb
100 g Haselnüsse (fein gehackt)
50 g Semmelbrösel

Für die Maronen:
50 g Zucker
2 cl Ahornsirup
2 EL Butter
150 g Sahne
200 g Maronen (vorgegart und vakuumiert)
1 cl Kirschwasser

Für die Spätzle:
6 Eier
250 g Mehl
Salz · Pfeffer aus der Mühle
frisch geriebene Muskatnuss
4 EL Butter
120 g eingelegte Preiselbeeren (aus dem Glas)
3 EL gehackte Petersilie

1 Für den Hirschrücken den Backofen auf 120 °C vorheizen. Das Butterschmalz in einer ofenfesten Pfanne erhitzen und das Fleisch darin rundum anbraten. Die Kräuter waschen und trocken schütteln. Den Rosmarin, 2 Thymianzweige, die Schalotte und 2 zerdrückte Wacholderbeeren in die Pfanne geben, mit Salz und Pfeffer würzen. Alles auf ein mit Alufolie ausgelegtes Backblech geben und den Hirschrücken im vorgeheizten Backofen auf der mittleren Schiene etwa 25 Minuten garen, falls nötig, zwischendurch wenden. Das Fleisch aus dem Ofen nehmen und ruhen lassen.

2 Die Butter in einer Schüssel schaumig rühren. Vom restlichen Thymian die Blätter abzupfen. Die übrige Wacholderbeere fein hacken. Das Eigelb mit Thymianblättchen und Wacholderbeere zur Butter geben und alles gut verrühren. Die Haselnüsse in einer beschichteten Pfanne ohne Fett rösten und abkühlen lassen. Die Nüsse mit den Semmelbröseln unter die Butter rühren und mit Salz und Pfeffer abschmecken. Die Haselnussmasse in einen aufgeschnittenen Gefrierbeutel geben und mit dem Nudelholz gleichmäßig flach streichen. Die Butter-Haselnuss-Masse im Kühlschrank fest werden lassen.

3 Den Backofengrill einschalten. Die Nussmasse in breite Streifen schneiden und eine Folienhälfte abziehen. Die Masse auf den Hirschrücken legen, die übrige Folie abziehen und die Kruste leicht andrücken. Den Damhirschrücken unter dem Backofengrill etwa 3 Minuten goldbraun überbacken.

4 Für die Maronen den Zucker in einer tiefen Pfanne bei mittlerer Hitze hellbraun karamellisieren. Mit dem Ahornsirup ablöschen und die Butter hinzufügen. Die Sahne dazugießen und einkochen lassen. Dann die Maronen hinzufügen, kurz mitdünsten und die Sauce zuletzt mit Kirschwasser verfeinern.

5 Für die Spätzle die Eier in einer Schüssel verquirlen, nach und nach das Mehl unterrühren. Den Teig mit dem Kochlöffel so lange schlagen, bis er Blasen wirft, und mit Salz, Pfeffer und Muskatnuss würzen. Den Spätzleteig durch die Spätzlepresse in reichlich kochendes Salzwasser drücken. Wenn sie an die Oberfläche gestiegen sind, die Spätzle mit dem Schaumlöffel herausnehmen, kalt abschrecken und abtropfen lassen.

6 Die Butter in einer Pfanne zerlassen und die Spätzle darin mit den abgetropften Preiselbeeren schwenken, mit Salz, Pfeffer und Petersilie würzen. Den Hirschrücken in Scheiben schneiden und mit den Maronen und den Spätzle servieren.

Johannes B. Kerner

» Da war sie wieder, die Sache mit der Kruste (siehe Seite 110). «

Desserts
& Gebäck

Man sollte denken, die Köche würden die Nachtisch-Position lieben: eine Stunde Zeit zur Verfügung, schnell ein paar Früchte für einen Obstsalat geschnitten, eine Kugel Eis obendrauf und zur Zierde vielleicht noch ein Minzeblatt. Aber weit gefehlt! Bei uns zeigen sich die Köche mit raffinierten Kreationen von ihrer süßen Seite, und ich verspreche Ihnen: Die Nachspeisen in diesem Kapitel gehören zu den besten, die ich je probiert habe.

Blaubeereis mit gebratenen Ricottanocken

Alexander Herrmann

Zutaten für 4 Personen:

2 Eier · 1 EL Zucker
Mark von 1/2 Vanilleschote
50 g Semmelbrösel
100 g Ricotta
1 unbehandelte Zitrone
1 TL Butterschmalz
2 EL brauner Zucker
200 g Tiefkühl-Blaubeeren (Heidelbeeren)
1 EL Puderzucker
ca. 100 ml Milch

1 Für die Ricottanocken die Eier trennen und die Eiweiße mit 1 Msp. Zucker zu steifem Schnee schlagen. Das Vanillemark mit den Eigelben, den Semmelbröseln, dem Ricotta und dem restlichen Zucker verrühren. Zuletzt den Eischnee unterheben.

2 Die Zitrone heiß waschen, trocken reiben und die Schale mit dem Zestenreißer in Streifen abziehen. Die Zitrone halbieren und auspressen. Das Butterschmalz in einer beschichteten Pfanne erhitzen. Von der Ricottamasse mit zwei Esslöffeln Nocken abstechen und im heißen Butterschmalz mit den Zitronenschalenstreifen bei mittlerer Hitze rundum goldbraun braten. Die Nocken aus der Pfanne nehmen und auf Küchenpapier abtropfen lassen.

3 Für den Zitronensirup den Zitronensaft in einem kleinen Topf mit dem braunen Zucker aufkochen und sirupartig einköcheln lassen.

4 Für das Eis die tiefgekühlten Beeren in einen hohen Rührbecher geben, den Puderzucker hinzufügen und so viel Milch dazugießen, dass die Beeren knapp bedeckt sind. Mit dem Stabmixer zu einem cremigen Eis pürieren.

5 Die gebratenen Ricottanocken mit dem Blaubeereis auf Desserttellern anrichten und den Zitronensirup darüberträufeln.

Johannes B. Kerner

» Bei Blau- oder Heidelbeeren lohnt es sich, im Sommer darauf zu warten, dass die kleineren wilden Blaubeeren auf den Markt kommen. Und das ist wörtlich zu nehmen, denn diese gibt es meist nur auf Wochenmärkten zu kaufen. Sie sind innen wirklich blau und schmecken einfach so viel intensiver. «

Obstsalat mit Olivenöl, Kräutern und Schokoladensorbet

Kolja Kleeberg

Zutaten für 4 Personen:

Für das Sorbet:
6 Blatt weiße Gelatine
300 g Zucker
450 g dunkle Kuvertüre
(60–70 % Kakaoanteil)
3 EL Kakaopulver
1 EL Instant-Kaffeepulver

Für den Obstsalat:
2 Blutorangen
2 violette Feigen
2 Williamsbirnen
1 rotschaliger Apfel
4 Datteln
1 Granatapfel
2 Maracujas
1 Mango
1 Limette
200 ml Olivenöl (am besten Olio verde von Biancolilla-Oliven)
je 1/2 Bund Thymian, Estragon, Minze und Rosmarin

1 Für das Sorbet die Gelatine in kaltem Wasser einweichen. In einem Topf den Zucker mit 600 ml Wasser zum Kochen bringen. Die Kuvertüre fein hacken, mit dem Kakao- und dem Kaffeepulver unter den Zuckersirup rühren und einmal aufkochen lassen. Die Gelatine gut ausdrücken und unter Rühren in der heißen Schokoladenmasse auflösen.

2 Die Sorbetmasse durch ein Sieb in eine Schüssel passieren und etwas abkühlen lassen. Mit dem Stabmixer pürieren und anschließend in der Eismaschine gefrieren oder in einer flachen Metallschüssel im Tiefkühlfach einige Stunden durchfrieren lassen, dabei immer wieder durchrühren.

3 Für den Obstsalat die Blutorangen so großzügig schälen, dass auch die weiße Haut mit entfernt wird. Die Fruchtfilets aus den Trennhäuten schneiden und dabei den austretenden Saft auffangen. Die Feigen waschen, trocken tupfen und in Spalten schneiden. Die Birnen und den Apfel waschen, vierteln und die Kerngehäuse entfernen, das Fruchtfleisch jeweils in dünne Streifen schneiden. Die Datteln schälen, halbieren und entsteinen. Den Granatapfel halbieren und die Kerne mit einem Löffel herauslösen. Die Maracujas waschen und halbieren. Die Mango schälen, das Fruchtfleisch in breiten Streifen vom Stein und anschließend in feine Spalten schneiden.

4 Die Limette halbieren und den Saft auspressen. Den Limettensaft mit der Hälfte des Mangofruchtfleischs und dem Blutorangensaft in einem hohen Rührbecher mit dem Stabmixer pürieren. Etwas Olivenöl untermixen.

5 Die Fruchtsauce auf Teller verteilen und die Früchte dachziegelartig auf dem Saucenspiegel anrichten. Den Obstsalat mit den Granatapfelkernen bestreuen und die Maracujahälften jeweils dazulegen. Die Kräuter waschen und trocken schütteln, die Blätter bzw. Nadeln abzupfen, fein hacken und über den Obstsalat streuen. Das restliche Olivenöl darüberträufeln und das Schokoladensorbet dazu servieren.

Johannes B. Kerner

» Eine weitere Überraschung: Olivenöl im Nachtisch. Geht nicht? Kolja beweist einmal mehr das Gegenteil. Fett ist ja ein Geschmacksträger, weshalb der Obstsalat auch unheimlich fruchtig und gar nicht ölig schmeckt. Ich weiß nicht mehr genau, ob Kolja als letzter Gang des Abends so kurz nach Mitternacht dazu auch noch etwas gesungen hat. Irgendein alter Hit von Midnight Oil hätte jedoch gepasst. «

Feigenspieße mit Kumquats und Brombeersauce

Sarah Wiener

Zutaten für 4 Personen:

Für die Spieße:

12 kleine, reife, aber noch feste violette Feigen
1/2 l Kirschsaft
6 EL kalt geschleuderter Honig (z. B. Lavendelhonig)
60 g Butter
12 Bio-Kumquats (Mini-Orangen)
Öl zum Einreiben
1 Tahiti-Vanilleschote
1/4 l Weißwein
5 EL Zucker
4 Stangen Zitronengras
1/2 Bund Minze

Für die Sauce:

300 g Brombeeren
2 EL brauner Zucker
150 ml Portwein oder Rotwein
Saft von 1/2 Zitrone

1 Für die Spieße die Feigen waschen und trocken tupfen. Den Kirschsaft in einem Topf mit dem Honig und der Butter verrühren und bei mittlerer Hitze etwas einköcheln lassen. Den Topf vom Herd nehmen, die Feigen in den Kirschsud geben und 15 bis 20 Minuten darin ziehen lassen.

2 Die Kumquats mit einem mit Öl beträufelten Tuch säubern und jeweils mit einer Nadel mehrmals einstechen. Die Vanilleschote längs aufschneiden. Den Wein in einem Topf mit dem Zucker und der Vanilleschote aufkochen und die Kumquats darin 15 Minuten köcheln lassen. Die Zitronengrasstangen waschen und trocken tupfen. Die Feigen und die Kumquats mit dem Schaumlöffel aus den Kochsuden heben, kurz abtropfen lassen und abwechselnd auf die Zitronengrasstangen (ersatzweise Holzspieße) stecken.

3 Für die Sauce die Brombeeren verlesen, kurz abbrausen und trocken tupfen. Den braunen Zucker in einen Topf geben und bei schwacher Hitze karamellisieren lassen. Mit dem Portwein ablöschen. Die Brombeeren hinzufügen und 2 bis 3 Minuten in der Portweinsauce köcheln lassen. Die Sauce mit dem Stabmixer pürieren und mit Zitronensaft abschmecken.

4 Die Brombeersauce auf Teller verteilen und die Feigenspieße auf dem Saucenspiegel anrichten. Die Minze waschen und trocken schütteln, die Blätter abzupfen und die Spieße damit garnieren.

Johannes B. Kerner

» Das Motto der Sendung lautete ›Kochen nach Farben‹, und Sarah sollte ein schwarzes Dessert kreieren. Sie trug dem Thema entsprechend ein schwarzes T-Shirt, was aber nicht davon ablenken konnte, dass ihre Brombeersauce nicht schwarz, sondern dunkelrot wurde. Machte aber nichts, die Feigenspieße schmeckten trotzdem wunderbar süßlich-herb. Das schwarze T-Shirt war vermutlich eine Vorsichtsmaßnahme, denn beim Pürieren der Brombeersauce hat es ordentlich gespritzt. Deshalb der Tipp: Den Rührbecher unbedingt mit einem sauberen Küchentuch abdecken. «

Mandarinen-Polenta mit geeister Lebkuchensahne

Alexander Herrmann

Zutaten für 4 Personen:

100 g Sahne
2 1/2 EL Zucker
1/2 Päckchen Lebkuchengewürz
4 unbehandelte Mandarinen
4 Löffelbiskuits
100 ml Weißwein
200 ml Orangensaft
100 ml Apfelsaft
1/2 Vanilleschote
1/2 Zimtstange
3–5 EL Polentagrieß
1 EL kalte Süßrahmbutter
2 cl Grand Marnier
(franz. Orangenlikör)
1 TL Kakaopulver

1 Für die geeiste Lebkuchensahne die Sahne mit 1 TL Zucker und dem Lebkuchengewürz steif schlagen, in eine gefrierfeste Form füllen und 40 Minuten im Tiefkühlfach anfrieren lassen.

2 Für die Mandarinen-Polenta die Mandarinen heiß waschen, trocken reiben und die Schale vorsichtig abreiben. Die Mandarinen mit einem Messer schälen und die Fruchtfilets aus den Trennhäuten schneiden. Die Löffelbiskuits in Würfel schneiden.

3 In einem Topf den restlichen Zucker mit 1 kleinen Schuss Weißwein zu einem hellen Karamell einkochen lassen, bis dieser dicke Blasen wirft. Den restlichen Wein, den Orangen- und Apfelsaft, die ausgekratzte Vanilleschote samt Mark und die Zimtstange hinzufügen und alles aufkochen. Den Polentagrieß einrühren und 1 bis 2 Minuten köcheln lassen. Dann den Topf vom Herd nehmen und die Polenta zugedeckt etwa 10 Minuten quellen lassen.

4 Die Polenta erneut erwärmen, die Zimtstange und die Vanilleschote entfernen. Die kalte Butter und die abgeriebene Mandarinenschale unterrühren und die Polenta mit Grand Marnier verfeinern.

5 Die Polenta auf Dessertschälchen verteilen, mit den Mandarinenfilets und den Löffelbiskuits garnieren. Die geeiste Lebkuchensahne mit Kakaopulver bestäuben und dazu servieren.

Johannes B. Kerner

» Bei einem gelungenen Weihnachtsessen darf ein Nachtisch mit Lebkuchengewürz nicht fehlen. Je nach Herstellerfirma variieren die Zutaten, meistens enthält es Zimt, Piment, Ingwer, Kardamom, Nelken (arrrgh) und Koriander (uaaah). Kein Wunder, dass es Weihnachten immer so viel Streit in der Familie gibt … «

Geeister Kaiserschmarren mit Kirschragout

Alfons Schuhbeck

Zutaten für 4 Personen:

Für das Parfait:
1 Vanilleschote
2 Eigelb · 1 Ei
60 g Zucker
1 Msp. abgeriebene unbehandelte Zitronenschale
200 g Sahne
2 EL Rumrosinen
Öl für die Form
1 EL Mandelblättchen
100 g Vollmilchschokolade
3 EL Öl

Für das Ragout:
500 g Kirschen
1 EL Puderzucker
100 ml kräftiger Rotwein oder Portwein
1 kleiner Splitter Zimtrinde
1/4 Vanilleschote
1 Streifen unbehandelte Orangenschale
1–2 EL kalte Butter
1–2 cl Kirschwasser

1 Für das Parfait die Vanilleschote längs aufschneiden und das Mark herauskratzen. Die Eigelbe und das Ei mit 20 g Zucker, dem Vanillemark und der Zitronenschale in einer Schüssel hell-schaumig aufschlagen.

2 Den restlichen Zucker in einem kleinen Topf mit 25 ml Wasser bei schwacher Hitze 1 Minute köcheln lassen. Den Zuckersirup unter den Eierschaum rühren und im heißen Wasserbad fein-schaumig aufschlagen, dabei die Masse auf höchstens 75 bis 80 °C erhitzen. Dann den Eierschaum im eiskalten Wasserbad kalt schlagen.

3 Die Sahne halb steif schlagen und mit den Rumrosinen unter den kalten Eierschaum heben. Eine gefrierfeste eckige Form mit Öl einpinseln und mit Backpapier auslegen. Die Parfaitmasse knapp 1 cm hoch darin verteilen, glatt streichen und im Tiefkühlfach 2 bis 3 Stunden gefrieren lassen.

4 Für das Ragout die Kirschen waschen, halbieren und entsteinen. Den Puderzucker in einer Pfanne bei schwacher Hitze hell karamellisieren lassen und mit dem Rotwein ablöschen. Den Zimt, die Vanilleschote und die Orangenschale hinzufügen und den Wein auf etwa die Hälfte einköcheln lassen. Die Butter unterrühren und die Kirschen dazugeben, die ganzen Gewürze wieder entfernen. Das Kirschragout mit dem Kirschwasser abschmecken.

5 Kurz vor dem Servieren die Mandeln in einer beschichteten Pfanne ohne Fett anrösten und abkühlen lassen. Für die Glasur die Vollmilchschokolade grob hacken und in einer Schüssel im heißen Wasserbad unter Rühren schmelzen lassen. Das Öl unterrühren. Das Parfait aus dem Tiefkühlfach nehmen und die geschmolzene Schokolade dünn mit einem Pinsel aufstreichen. Das Geeiste nochmals 10 Minuten in das Tiefkühlfach stellen.

6 Zum Anrichten das Parfait wie einen Kaiserschmarren in grobe Stücke zerteilen und auf vorgekühlten Tellern anrichten. Mit den gerösteten Mandelblättchen bestreuen und mit je 2 EL Kirschragout servieren.

Johannes B. Kerner

» Alfons, das ist eine Sensation – oder wie Du sagen würdest: ›Das passt schon, schlecht is es net.‹ Ein Parfait, das aussieht wie Kaiserschmarren, das schmeckt wie Kaiserschmarren, dazu die Kirschen… ›Da legst di nieder.‹ «

Geeister Cappuccino mit Apfelragout und Mandelsahne

Cornelia Poletto

Zutaten für 4 Personen:
50 g Espressobohnen
200 g Zucker
2 Eigelb
2 cl Kahlùa (Kaffeelikör)
400 g Sahne
2 säuerliche Äpfel (z. B. Braeburn)
2 Blatt weiße Gelatine
1/2 Vanilleschote
200 ml Apfelsaft
1 Zimtstange
2 EL Puderzucker
3 cl Mandelsirup
Zitronensaft zum Abschmecken
1 cl Amaretto (ital. Mandellikör)
Kakaopulver zum Bestäuben

1 Für den geeisten Cappuccino die Espressobohnen mit 110 g Zucker und 300 ml Wasser in einem Topf aufkochen und bei schwacher Hitze auf die Hälfte einköcheln lassen.

2 Die Eigelbe mit 35 g Zucker in einer Schüssel schaumig schlagen. Den Espressosirup durch ein Sieb gießen und die heiße Flüssigkeit unter die Eigelbmasse rühren. Die Eigelb-Espresso-Mischung im eiskalten Wasserbad kalt schlagen und mit Kahlùa abschmecken.

3 In einer Schüssel 250 g Sahne steif schlagen und unter die Espressocreme heben. Die Masse in gefrierfeste Cappuccinotassen füllen und im Tiefkühlfach etwa 2 Stunden gefrieren lassen.

4 Für das Apfelragout die Äpfel schälen, vierteln und die Kerngehäuse entfernen. Die Apfelviertel in kleine Würfel schneiden. Die Gelatine in kaltem Wasser einweichen. Die Vanilleschote längs halbieren und das Mark herauskratzen. Den Apfelsaft mit dem restlichen Zucker, dem Vanillemark und der -schote und dem Zimt aufkochen. Die Apfelwürfel dazugeben und kurz mitkochen. Vanilleschote und Zimtstange wieder entfernen, die Gelatine gut ausdrücken und im Apfelragout unter Rühren auflösen. Das Ragout kühl stellen.

5 Für die Mandelsahne die restliche Sahne mit dem Puderzucker und dem Mandelsirup leicht anschlagen, mit Zitronensaft und Amaretto abschmecken.

6 Zum Servieren das Apfelragout auf die geeiste Espressocreme verteilen, mit der Mandelsahne garnieren und durch ein Sieb mit Kakao bestäuben.

Johannes B. Kerner

» Zwei Fliegen mit einer Klappe geschlagen. Oder auch: Einfach eine gute Idee, den Nachtischgang gleich mit dem anschließenden Kaffee zu kombinieren. Das spart die Kellnerfrage: ›Scusi, wer 'atte die doppelte Espresso?‹ «

Heidelbeersüppchen mit Chili-Schoko-Nudeln und Karamelleis

Ralf Zacherl

Zutaten für 4 Personen:

Für das Eis:
2 Schoko-Karamell-Riegel
1/4 l Milch
250 g Sahne
6 Eigelb
90 g Zucker
20 g weiße Kuvertüre (gehackt)
Salz

Für das Süppchen:
400 g Heidelbeeren (ersatzweise Himbeeren, Erdbeeren etc.)
1 unbehandelte Zitrone
1 kg Buttermilch
70–100 g Zucker (je nach Süße der Beeren)
Zimtpulver

Für die Nudeln:
100 g Taglierini (feine Bandnudeln)
Salz
100 g dunkle Kuvertüre
2 Chilischoten
70 g Zucker
1 TL Kakaopulver

1 Für das Eis die Schoko-Karamell-Riegel aus der Verpackung nehmen und im Tiefkühlfach gefrieren lassen. Die Milch und die Sahne in einem Topf bei schwacher Hitze aufkochen lassen. Die Eigelbe und den Zucker in einer Schüssel im heißen Wasserbad mit dem Schneebesen schaumig rühren. Die kochende Milch-Sahne-Mischung unter den Eigelbschaum rühren und die Kuvertüre mit 1 Prise Salz in der heißen Flüssigkeit schmelzen lassen.

2 Die Masse im eiskalten Wasserbad kalt rühren und anschließend in der Eismaschine gefrieren lassen. Die gefrorenen Schoko-Karamell-Riegel klein hacken, unter das fertige Eis rühren und bis zum Servieren in das Tiefkühlfach stellen.

3 Für das Süppchen die Heidelbeeren verlesen, kurz abbrausen und abtropfen lassen. Die Zitrone heiß waschen, trocken reiben und die Schale fein abreiben. Die Hälfte der Beeren mit der Buttermilch, dem Zucker, der Zitronenschale und 1 Prise Zimt in einen hohen Rührbecher geben und mit dem Stabmixer pürieren. Das Heidelbeerpüree kühl stellen.

4 Für die Nudeln die Taglierini in reichlich kochendem Salzwasser nach Packungsanweisung bissfest garen. In ein Sieb abgießen, kalt abschrecken und abtropfen lassen. Die Kuvertüre fein hacken. Die Chilischoten längs halbieren, entkernen, waschen und in feine Würfel schneiden. In einem Topf den Zucker mit 200 ml Wasser aufkochen. Die Kuvertüre, die Chiliwürfel (Menge nach Geschmack) und das Kakaopulver unter den heißen Zuckersirup rühren und die Nudeln in der Schokoladensauce erhitzen.

5 Zum Anrichten die restlichen Heidelbeeren auf tiefe Teller verteilen, das Heidelbeersüppchen darübergeben und mit dem Karamelleis und den Chili-Schoko-Nudeln servieren.

Johannes B. Kerner

» Zum einen: Eis mit seinem Lieblingsschokoriegel aufzuwerten ist schon mal klasse. Zum anderen: Niemand hat jemals gesagt, dass es Gesetze gibt, die einem verbieten, Nudeln mit Schokoladensauce zuzubereiten. Nur: Dass ein erwachsener Mensch wie Ralf Zacherl das vormacht, sollten Sie NIEMALS Ihren Kindern verraten, sonst werden diese NIEMALS wieder Eis pur und Nudeln mit Gemüsesauce essen. Tipp von Ralf: Als Garnitur eignen sich etwas Basilikum oder Minze und eine Chilischote. «

Orangen-Panna-cotta mit Vanille-Paprika-Sugo und Mandelchips

Ralf Zacherl

Zutaten für 4 Personen:

Für die Panna cotta:
3 Blatt weiße Gelatine
1 unbehandelte Orange
1 Vanilleschote
500 g kalte Sahne
100 g Zucker
Salz
3 cl Orangenlikör
(z. B. Grand Marnier)

Für den Sugo:
je 1 rote und gelbe
Paprikaschote
70 g Zucker
100 ml Orangensaft
1 Vanilleschote
Salz
1–2 EL Olivenöl

Für die Mandelchips:
100 g Mandelblättchen
100 g Zucker
Cayennepfeffer

1 Für die Panna cotta die Gelatine in kaltem Wasser einweichen. Die Orange heiß waschen, trocken reiben und die Schale fein abreiben. Die Vanilleschote längs halbieren und das Mark herauskratzen.

2 Ein Drittel der Sahne mit dem Zucker und 1 Prise Salz in einem Topf bei schwacher Hitze aufkochen lassen. Die Orangenschale, das Vanillemark und den Orangenlikör hinzufügen. Die Gelatine gut ausdrücken und unter Rühren in der heißen Sahnemischung auflösen. Die restliche Sahne unterrühren, die Orangensahne auf Gläser verteilen und etwa 6 Stunden im Kühlschrank fest werden lassen.

3 Den Backofen auf 180 °C vorheizen. Für den Sugo die Paprikaschoten längs halbieren, entkernen und mit der Hautseite nach oben auf ein mit Backpapier ausgelegtes Backblech legen. Die Paprikahälften im Ofen auf der oberen Schiene etwa 12 Minuten garen. Die Schoten herausnehmen, noch heiß in eine Schüssel geben und mit Frischhaltefolie abdecken (so schwitzen die Paprika und lassen sich dann besser schälen).

4 Den Zucker in einem Topf bei schwacher Hitze karamellisieren und mit dem Orangensaft ablöschen. Die Vanilleschote längs halbieren und das Mark herauskratzen. Das Vanillemark und die -schote zum Orangensaft geben und darin bei schwacher Hitze 10 Minuten ziehen lassen. Die Paprikaschoten häuten und in kleine Würfel schneiden. Die Paprikawürfel 1 Stunde im Orangensaft ziehen lassen. Den Vanille-Paprika-Sugo mit 1 Prise Salz und dem Olivenöl abschmecken und die Vanilleschote wieder entfernen.

5 Die Mandeln in einer beschichteten Pfanne ohne Fett goldbraun rösten. Den Zucker in einem Topf karamellisieren, die Mandeln unterrühren und die Mandel-Karamell-Masse auf einem Bogen Backpapier verteilen. Einen weiteren Bogen Backpapier darauflegen, die Mandelmasse mit dem Nudelholz dünn ausrollen und abkühlen lassen. Die Mandel-Karamell-Platte in Chips brechen und mit Cayennepfeffer würzen. Den Vanille-Paprika-Sugo über die Orangen-Panna-cotta geben und die Mandelchips darüberstreuen.

Johannes B. Kerner

» Ein weiteres Highlight der vielen Sendungen, die wir bislang gemacht haben: eine Gaumenüberraschung sondergleichen. Wenn man den Rezeptnamen liest, eine Irreführung, wenn man den Löffel dann aber erst einmal im Mund hat, der Sieg der Gegensätze mit dem Ergebnis einer Geschmacksexplosion. Ich habe Ralf nach der Sendung gefragt, wie lange er an dem Rezept gefeilt und wie oft er es schon zubereitet hat. ›Hab ich mir für die Sendung ausgedacht und gerade zum ersten Mal gemacht.‹ Der Teufel … «

Gefüllte Himbeeren mit Vanillequark und Karamellsplittern

Alexander Herrmann

Zutaten für 4 Personen:
1 Vanilleschote
300 g Speisequark
50 g Sahne
2 EL Zucker
abgeriebene Schale von
2 unbehandelten Limetten
1/2 Bund Zitronenmelisse
2 Schalen Himbeeren (à 125 g)
4 TL Aceto balsamico
30 Karamellbonbons
(Fertigprodukt)
2 EL Puderzucker

1 Für den Vanillequark die Vanilleschote längs aufschneiden und das Mark herauskratzen. Das Vanillemark mit dem Quark, der Sahne, dem Zucker und der Limettenschale glatt rühren. Die Quarkmasse in einen Spritzbeutel mit großer Lochtülle füllen und jeweils als einen langen Streifen auf vier Dessertteller spritzen.

2 Für die gefüllten Himbeeren die Melisse waschen, trocken schütteln und die Blätter abzupfen. Die Himbeeren verlesen, kurz abbrausen, trocken tupfen und mit der Öffnung nach oben abwechselnd mit den Melisseblättern in den Quark drücken. Den Essig vorsichtig in die Himbeeren träufeln.

3 Den Backofen auf 160 °C vorheizen. Für die Karamellsplitter die Bonbons auf einem mit Backpapier ausgelegten Backblech verteilen und im vorgeheizten Backofen auf der mittleren Schiene etwa 10 Minuten schmelzen lassen. Aus dem Backofen nehmen und samt Backpapier auf die Arbeitsfläche ziehen. Den Karamell mit einem zweiten Bogen Backpapier abdecken und mit dem Nudelholz rasch zu einer dünnen Platte ausrollen. Etwa 2 Minuten abkühlen lassen und das Backpapier abziehen. Den Karamell in feine Stücke brechen und den Quark damit garnieren. Zuletzt die Dessertteller mit Puderzucker bestäuben.

Johannes B. Kerner

» Als ich bei der Vorbereitung der Sendung diesen Rezepttitel las, hatte ich folgendes Bild vor Augen: Alexander gibt jedem der 150 Zuschauer im Publikum eine Himbeere, damit sie diese mit Quark und Bonbons füllen. Dazu sagt er noch: ›Und wehe, auch nur eine einzige geht dabei kaputt.‹ Und zu Hause quält er mit dieser Aufgabe seine Lehrlinge im ersten Lehrjahr. Die Realität sah anders aus: Ein Tropfen Balsamico als Füllung in jeder Beere gibt diesem hervorragenden Nachtisch den gewissen Kick. «

Toblerone-Mousse mit Mango-Maracuja-Chili

Andreas C. Studer

Zutaten für 4 Personen:
100 g Toblerone
50 g Zartbitterschokolade (70 % Kakaoanteil)
2 EL Baileys (Whiskey-Cremelikör)
200 g Sahne
2 Platten Blätterteig (aus dem Kühlregal)
2 EL brauner Zucker
je 25 g weiße und dunkle Kuvertüre
1 Mango
2 Maracujas
1/2 Bund Pfefferminze
1 Thai-Chilischote
Saft 1 Limette
2 EL Ahornsirup

1 Die Toblerone und die Schokolade grob hacken und beides in einer Schüssel im heißen Wasserbad unter Rühren schmelzen lassen. Den Baileys und 2 EL Wasser hinzufügen. Die Schüssel vom Wasserbad nehmen und die Toblerone-Schoko-Masse kurz abkühlen lassen. Die Sahne steif schlagen und nach und nach die Schokoladenmasse unter die Sahne heben. Die Mousse zugedeckt 1 Stunde kühl stellen.

2 Den Backofen auf 200 °C vorheizen. Ein Backblech mit Backpapier auslegen. Den Blätterteig auf der Arbeitsfläche auslegen und in 8 bis 10 Rauten schneiden. Die Teigrauten auf das Blech setzen, mit dem braunen Zucker bestreuen und im vorgeheizten Backofen auf der mittleren Schiene 12 Minuten backen. Herausnehmen und auf dem Kuchengitter abkühlen lassen.

3 Die weiße und die dunkle Kuvertüre jeweils in einer Schüssel im heißen Wasserbad schmelzen lassen. Mit einem breiten Pinsel je einen hellen und einen dunklen dicken Kuvertürestreifen auf vier Teller streichen, die restliche Kuvertüre ebenfalls mit einem Pinsel als dünne Streifen auf Backpapier streichen und kühl stellen.

4 Die Mango schälen, das Fruchtfleisch in breiten Streifen vom Stein und anschließend in kleine Würfel schneiden. Die Maracujas halbieren, das Mark mit einem Löffel herauslösen und mit den Mangowürfeln in eine Schüssel geben. Die Pfefferminze waschen, trocken schütteln und die Blätter abzupfen. Die Chilischote längs halbieren, entkernen, waschen, klein schneiden und mit der Minze im Mörser zerstoßen. Den Limettensaft und den Ahornsirup unterrühren. 1 EL Minz-Pesto zu der Mango-Maracuja-Mischung geben und den Rest beiseitestellen.

5 Zum Anrichten jeweils 1 Blätterteigteilchen auf die Teller geben, von der Mousse Nocken abstechen, auf die Blätterteigteilchen setzen und ein zweites Blätterteigteilchen anlegen. Die Mango-Maracuja-Sauce darum herum verteilen. Die erkalteten Schokostreifen vom Backpapier abziehen, das Dessert damit garnieren und mit dem restlichen Minz-Pesto umkränzen.

Johannes B. Kerner

» Um das einmal klar zu sagen: Es gibt auch noch andere Schokoladen als Toblerone, die sogenannten Torrone enthalten. Torrone ist eigentlich eine italienische Nougat-Spezialität aus Mandeln und Honig. Aber die Schweizer haben sie irgendwann einmal in dreieckige Schokolade fallen lassen, und deshalb hat Andreas ja auch jedes Recht, daraus eine Mousse zu machen. Lassen Sie den Whiskey-Cremelikör weg, und Ihre Kinder werden ebenfalls begeistert sein. «

Schoko-Mascarpone-Turm mit Erdbeersauce und Balsamico

Andreas C. Studer

Zutaten für 4 Personen:
Butter und Mehl für die Form
150 g Mehl
200 g Zucker
3 Eier
150 g Zartbitterschokolade (70 % Kakaoanteil)
200 g Butter (in Stücken)
2 EL Kaffeelikör (z. B. Kahlúa)
100 g Walnüsse
1 unbehandelte Limette
200 g Mascarpone
6 EL Puderzucker
200 g Erdbeeren
1 EL alter Aceto balsamico

1 Den Backofen auf 250 °C vorheizen. Eine Springform (26 cm Durchmesser) einfetten und mit Mehl bestäuben. Das Mehl in eine Schüssel sieben, den Zucker und die Eier dazugeben und alles mit den Quirlen des Handrührgeräts verrühren. Die Schokolade fein hacken und in einer Schüssel im heißen Wasserbad unter Rühren schmelzen lassen. Die Butter hinzufügen und ebenfalls schmelzen lassen. Den Kaffeelikör dazugeben und die Schoko-Butter-Masse unter den Teig rühren. Die Walnüsse grob hacken und ebenfalls untermischen.

2 Den Teig in die Form füllen und den Schoko-Walnuss-Kuchen im vorgeheizten Backofen auf der unteren Schiene etwa 12 Minuten backen. Aus dem Backofen nehmen und 5 Minuten ruhen lassen. Den Kuchen aus der Form lösen und auf dem Kuchengitter vollständig abkühlen lassen.

3 Die Limette heiß waschen, trocken reiben und die Schale fein abreiben. Die Limette halbieren und auspressen. Den Mascarpone mit der Limettenschale und dem -saft sowie 5 EL Puderzucker in einer Schüssel glatt rühren und zugedeckt kühl stellen.

4 Die Erdbeeren waschen, putzen und halbieren, 4 Beerenhälften für die Deko beiseitelegen. Die Früchte mit dem restlichen Puderzucker in einen hohen Rührbecher geben und mit dem Stabmixer pürieren.

5 Aus dem Schoko-Walnuss-Kuchen mit einem Glas Kreise von 6 bis 7 cm Durchmesser ausstechen oder mit einem Messer in Quadrate schneiden. Jeweils 2 Schoko-Walnuss-Küchlein abwechselnd mit der Mascarponecreme zu einem Turm stapeln und mit der Erdbeersauce umkränzen. Mit Essig beträufeln und mit den halbierten Erdbeeren garnieren.

Johannes B. Kerner

» Dies ist ein tolles Rezept für alle, die Mascarponecreme mit frischen Erdbeeren einfach so supergern mögen wie ich. Diese Variation ist dem Original vom ›Ristorante‹ nebenan allerdings turmhoch überlegen. «

Biertiramisu mit Gewürzen

Alfons Schuhbeck

Zutaten für 4 Personen:
4 Blatt weiße Gelatine
4 Eier
120 g Puderzucker
500 g Mascarpone
4 cl Bierlikör
(ersatzweise Orangenlikör)
200 g Sahne
85 g Zucker
130 ml Orangensaft
300 ml dunkles Bier
je 1 Streifen unbehandelte
Zitronen- und Orangenschale
Mark von 1/2 Vanilleschote
1 Zimtrinde
1 TL Pimentkörner
2 Gewürznelken
10 schwarze Pfefferkörner
250 g Himbeeren
1 heller Biskuit- oder Wiener
Boden (quer halbiert; 1 cm dick)
2 EL Kakaopulver
1 TL Lebkuchengewürz

1 Die Gelatine in kaltem Wasser einweichen. Die Eier trennen und die Eigelbe mit der Hälfte des Puderzuckers in einer Schüssel im heißen Wasserbad hell-schaumig schlagen und vom Herd nehmen. Die Gelatine gut ausdrücken und unter Rühren im warmen Eierschaum auflösen. Den Mascarpone glatt rühren und mit dem Likör unter die Eiermasse rühren.

2 Die Sahne halb steif schlagen. Die Eiweiße zu steifem Schnee schlagen, dabei den restlichen Puderzucker einrieseln lassen. Den Eischnee unter die Sahne heben, alles unter die Mascarponemasse rühren.

3 In einem Topf 70 g Zucker bei schwacher Hitze hell karamellisieren lassen. Mit dem Orangensaft ablöschen und das Bier angießen. Die Zitrusschalen, das Vanillemark und die Gewürze hinzufügen und 5 Minuten darin ziehen lassen, bis sich der Karamell aufgelöst hat. Die ganzen Gewürze wieder entfernen und den Sud vollständig abkühlen lassen.

4 Die Himbeeren verlesen, kurz abbrausen und trocken tupfen. Die Beeren mit dem restlichen Zucker mit dem Stabmixer pürieren.

5 Den Boden einer eckigen Auflaufform mit einer dünnen Schicht Himbeerpüree bestreichen. Eine Biskuithälfte, falls nötig, in Größe der Form ausschneiden und auf das Püree legen. Den Teig mithilfe eines Pinsels mit der Hälfte der Biersauce tränken. Die Hälfte der Mascarponecreme darauf verteilen und mit dem restlichen Himbeerpüree bestreichen. Den übrigen Biskuitboden daraufgeben und mit der restlichen Sauce tränken, die übrige Creme darauf verteilen und glatt streichen. Das Tiramisu im Kühlschrank mehrere Stunden durchziehen lassen.

6 Kurz vor dem Servieren den Kakao mit dem Lebkuchengewürz mischen durch ein feines Sieb über das Biertiramisu stäuben.

Johannes B. Kerner

» So etwas kann auch nur einem Bayern einfallen ... «

Quarkmousse mit Backobst in schwarzem Tee

Kolja Kleeberg

Zutaten für 6–8 Personen:

Für die Mousse:
2 unbehandelte Zitronen
4 Vanilleschoten
500 g Sahnequark
150 g Zucker
500 g Sahne
10 Eiweiß

Für das Backobst:
je 40 g getrocknete Birnen und Apfelringe
60 g Backpflaumen
50 g getrocknete Aprikosen
1 Vanilleschote
1 Zimtstange
50 g Zucker
1/2 l heißer schwarzer Tee (russ. Mischung mit leichtem Rauchgeschmack)
100 ml Pflaumensaft

1 Am Vortag für die Mousse die Zitronen heiß waschen, trocken reiben und die Schale fein abreiben. Die Vanilleschoten längs halbieren und das Mark herauskratzen. Den Quark, 50 g Zucker, die Zitronenschale und das Vanillemark in eine Schüssel geben und mit den Quirlen des Handrührgeräts glatt rühren.

2 Die Sahne halb steif schlagen und unter die Quarkmasse rühren. Die Eiweiße zu steifem Schnee schlagen, dabei den restlichen Zucker einrieseln lassen. Ein Drittel des Eischnees unter die Quarkmasse rühren, den Rest vorsichtig unterheben. Die Quarkmousse in ein mit einem Küchentuch ausgelegtes Sieb geben und im Kühlschrank über Nacht abtropfen lassen.

3 Für das Backobst die getrockneten Früchte, die Vanilleschote und den Zimt mit dem Zucker in einer Schüssel mischen und mit dem heißen Tee übergießen. Die Backobstmischung einige Stunden – am besten über Nacht – ziehen lassen.

4 Am nächsten Tagen das Backobst mit dem Teesud in einen Topf geben. Den Pflaumensaft hinzufügen, alles aufkochen und etwas abkühlen lassen. Zum Servieren von der Quarkmousse mit einem in heißes Wasser getauchten Esslöffel Nocken abstechen und mit dem Backobst und der Teesauce anrichten.

Johannes B. Kerner

» Von Kolja kann man immer etwas zusätzlich lernen. Zu diesem Gericht machte er die handschriftliche Notiz: Ausgekratzte Vanillestangen in Zucker legen, das ergibt mit der Zeit einen herrlich aromatischen Vanillezucker. Und außerdem: Man kann ebenso Magerquark anstelle von Sahnequark für dieses Rezept verwenden. Das ist dann die schlankere Version. «

Gratinierte Beeren
mit Rosmarinkrokant

Ralf Zacherl

Zutaten für 4 Personen:
100 g Mandelblättchen
1 Zweig Rosmarin
50 g Zucker
400 g gemischte Beeren
(z. B. Heidelbeeren, Himbeeren
und Erdbeeren)
1/2 Vanilleschote
1 unbehandelte Orange · 1 Ei
Salz · 50 g Puderzucker
250 g Speisequark

1 Für den Rosmarinkrokant die Mandeln in einer beschichteten Pfanne ohne Fett anrösten. Den Rosmarin waschen und trocken schütteln, die Nadeln abzupfen und grob hacken. Den Zucker in einem Topf bei schwacher Hitze karamellisieren lassen. Die Mandeln und den Rosmarin unterrühren und die Karamellmasse auf einem Bogen Backpapier verteilen. Den Krokant abkühlen lassen.

2 Die Heidel- und Himbeeren verlesen, in ein Sieb geben, kurz abbrausen und abtropfen lassen. Die Erdbeeren waschen, putzen, vierteln und trocken tupfen. Die Beeren nach Belieben leicht mit Zucker bestreuen und beiseitestellen.

3 Die Vanilleschote längs aufschneiden und das Mark herauskratzen. Die Orange heiß waschen, trocken reiben und die Schale fein abreiben. Das Ei trennen und das Eiweiß mit 1 Prise Salz zu steifem Schnee schlagen, dabei nach und nach zwei Drittel des Puderzuckers einrieseln lassen.

4 Den Quark, das Eigelb, das Vanillemark, die Orangenschale und den restlichen Puderzucker in einer Schüssel mit den Quirlen des Handrührgeräts verrühren. Erst ein Drittel des Eischnees unter die Quarkmasse rühren, dann den Rest mit dem Teigschaber vorsichtig unterheben.

5 Den Backofengrill einschalten. Den Rosmarinkrokant in einen Gefrierbeutel geben und grob zerkleinern. Die Krokantsplitter unter die Quarkmasse heben. Die gemischten Beeren auf ofenfeste tiefe Teller verteilen, die Quarkmasse daraufgeben und unter dem Backofengrill 2 bis 3 Minuten goldbraun gratinieren.

Johannes B. Kerner

» Nichts gegen die gratinierten Beeren, aber für mich ist der Rosmarinkrokant der eigentliche Hit. Allein er ist es wert, morgen wieder eine Extrarunde um die Alster zu laufen. Zu dem Krokant passt übrigens auch nur eine Kugel Vanilleeis. «

Glühweincreme in der Zimtwaffel mit Rumtopffrüchten

Alfons Schuhbeck

Zutaten für 4 Personen:
300 ml kräftiger Rotwein
4 Blatt weiße Gelatine
je 1 unbehandelte Zitrone und Orange
6 Eigelb · 80 g Zucker
1 TL Glühweingewürz
1 Zimtrinde
1 Gewürznelke
400 g Sahne
3 EL Butter
60 g Puderzucker
60 g Mehl
2 Eiweiß
Zimtpulver oder Schuhbecks Apfelkuchengewürz
1 TL Vanillezucker
Öl zum Einfetten
1 Glas Rumtopf (aus dem Feinkostladen; 450 ml, ca. 200 g Fruchteinwaage)

1 Den Rotwein in einem Topf bei mittlerer Hitze zum Kochen bringen und auf die Hälfte einköcheln lassen. Die Rotweinreduktion beiseitestellen und etwas abkühlen lassen.

2 Die Gelatine in kaltem Wasser einweichen. Die Zitrone und die Orange heiß waschen, trocken reiben und die Schale fein abreiben. Die Orange halbieren und auspressen. Die Eigelbe, den Zucker, je 1 TL Zitronen- und Orangenschale, Glühweingewürz, Zimt und Nelke unter den reduzierten Rotwein rühren und unter ständigem Rühren aufkochen lassen. Den Topf vom Herd nehmen, die Gelatine gut ausdrücken und unter Rühren in dem noch heißen Glühweinsud auflösen.

3 Die Sahne steif schlagen. Den Glühwein durch ein Sieb in eine Schüssel passieren und im eiskalten Wasserbad kalt schlagen. Den frisch gepressten Orangensaft hinzufügen und zuletzt die Sahne vorsichtig unterheben. Die Glühweincreme im Kühlschrank fest werden lassen.

4 Den Hörnchenautomaten vorheizen, die Butter zerlassen. Den Puderzucker und das Mehl in eine Schüssel sieben und mit den Eiweißen, 2 Prisen Zimt, Vanillezucker und der zerlassenen Butter glatt rühren.

5 Den Hörnchenautomaten mit Öl bestreichen, den Teig portionsweise mit einem kleinen Schöpflöffel darauf verteilen. Den Deckel schließen und den Teig zu goldbraunen Waffeln backen, dabei den Hörnchenautomaten immer wieder mit Öl bestreichen. So weiterverfahren, bis der Teig aufgebraucht ist. Aus den noch warmen Waffeln spitze Tüten formen und vollständig abkühlen lassen. Die Rumtopffrüchte in ein Sieb abgießen und abtropfen lassen.

6 Die Glühweincreme in einen Spritzbeutel mit großer Sterntülle füllen und in die Waffeltüten spritzen. Mit den Rumfrüchten garniert servieren.

Johannes B. Kerner

» Im Anschluss an die Sendung bekamen wir viertausenddreihundertzweiundvierzig E-Mails: Was war das für ein Waffeleisen, mit dem man Waffeln so hinbekommt, dass man sie hinterher zu Hörnchen rollen kann, die dann erkaltet auch in Form bleiben? Also: Es gibt spezielle Hörnchenautomaten, die verschiedene Hersteller in allen Preislagen anbieten. Und außerdem hat Alfons den Teig natürlich so angelegt, dass die Waffeln ihre Rolle als Rolle auch perfekt erfüllen können. «

Gegrillte Pfirsiche mit Rosmarineis und Himbeerkrokant

Johann Lafer

Zutaten für 4 Personen:

Für das Eis:

1 Tahiti-Vanilleschote
3 Zweige Rosmarin
1/4 l Milch
250 g Sahne
100 g Zucker
4 Eier · 4 Eigelbe

Außerdem:

150 g Himbeerbonbons
4 Pfirsiche
etwas Puderzucker

1 Für das Eis die Vanilleschote längs aufschneiden und das Mark herauskratzen. Den Rosmarin waschen und trocken schütteln. Die Milch mit der Sahne, dem Zucker, dem Vanillemark und dem Rosmarin aufkochen. Vom Herd nehmen und einige Stunden – am besten über Nacht – ziehen lassen.

2 Die Sahnemischung nochmals aufkochen und den Rosmarin entfernen. Die Eier und die Eigelbe in einer Schüssel mit dem Schneebesen schaumig rühren, dann die kochende Flüssigkeit unter Rühren langsam in die Eimasse gießen. Die Sahne-Ei-Mischung wieder in den Topf geben, erwärmen und zur Rose abziehen (das heißt, die Flüssigkeit hat die richtige Konsistenz, wenn sich bei einem eingetauchten Löffel auf dem Löffelrücken eine Rose bildet). Vorsicht, die Masse darf nicht mehr kochen! Die Sahne-Ei-Mischung abkühlen lassen, durch ein feines Sieb gießen und in der Eismaschine zu einem cremigen Eis gefrieren lassen.

3 Für den Himbeerkrokant den Backofengrill einschalten. Die Himbeerbonbons im Küchenmixer zu feinem Pulver mahlen. Das Himbeerpulver durch ein Sieb auf ein mit Backpapier ausgelegtes Backblech streuen und unter dem Backofengrill etwa 15 Sekunden schmelzen lassen. Den Himbeerkrokant abkühlen lassen und in grobe Stücke brechen.

4 Für die gegrillten Pfirsiche die Haut der Pfirsiche mit einem scharfen Messer kreuzweise einritzen. Die Pfirsiche kurz in kochendes Wasser tauchen, in Eiswasser abschrecken und anschließend die Haut abziehen. Die Pfirsiche halbieren und den Stein entfernen. Die Pfirsichhälften mit Puderzucker bestäuben und entweder in einer Grillpfanne oder auf dem Gartengrill braten, sodass der Puderzucker karamellisiert.

5 Zum Anrichten jeweils 1 Kugel Rosmarineis in die Pfirsichhälften füllen und den Himbeerkrokant darauflegen. Nach Belieben mit Minze und Himbeermark garnieren.

Johannes B. Kerner

» Der Tipp, sich aus Bonbons Deko-Elemente für den Nachtisch selbst zu machen, ist an anderer Stelle auch bei Alexander zu finden (siehe Seite 150). Es ist doch immer wieder verblüffend, was man von Top-Köchen lernen kann: Mit ein paar Bonbons aus dem Supermarkt, einem Küchenmixer und einem Ofen auf ganz dicke Hose machen. «

Bunte Früchte im Gewürzsirup mit Crêpes

Alfons Schuhbeck

Zutaten für 4 Personen:

Für den Sirup:

40 g Zucker
5 Scheiben Ingwer
je 2 Streifen unbehandelte Zitronen- und Orangenschale
1 TL Anissamen · 1 Zimtrinde
1/2 TL grüne Kardamomkapseln
2 Gewürznelken
1/2 TL Arabisches Kaffeegewürz (ersatzweise zu gleichen Teilen grüne Kardamomkapseln, Pimentkörner, Zimtrinde, Muskatnuss, Gewürznelken, Vanillemark und schwarze Pfefferkörner aus der Gewürzmühle)
Mark von 1/2 Vanilleschote
80 g Honig

Für die Früchte:

2 Orangen · 1 Mango
2 Kiwis · 200 g Erdbeeren
4 Scheiben Ananas
1/2 Honigmelone
Saft von 1/2 Zitrone
2 cl Mandellikör (z. B. Amaretto)

Für die Crêpes:

50 g Butter · 3 Eier
230 ml Milch
100 g Mehl · Salz
1/2 TL abgeriebene unbehandelte Orangenschale
Öl und Butter zum Backen

1 Für den Sirup in einem Topf 400 ml Wasser mit Zucker, Ingwer, Zitronen- und Orangenschale, Anis, Zimt, Kardamom, Nelken, Kaffeegewürz und Vanillemark aufkochen. Den Topf vom Herd nehmen und den Honig im Sirup auflösen. Den Sirup lauwarm abkühlen lassen und durch ein Sieb gießen.

2 Für die Früchte die Orangen so großzügig schälen, dass auch die weiße Haut mit entfernt wird, und die Fruchtfilets aus den Trennhäuten schneiden. Die Mango schälen und das Fruchtfleisch in breiten Streifen vom Stein schneiden. Die Kiwis schälen. Die Erdbeeren waschen und putzen. Die Ananasscheiben schälen. Die Melone entkernen und das Fruchtfleisch ebenfalls schälen. Alle Früchte in mundgerechte Stücke schneiden und in eine Schüssel geben. Mit dem Gewürzsirup, dem Zitronensaft und dem Mandellikör übergießen, vorsichtig mischen und im Kühlschrank mindestens 1 Stunde – am besten 3 bis 4 Stunden – durchziehen lassen.

3 Für die Crêpes die Butter in einem kleinen Topf langsam erhitzen, bis sie goldbraun ist und ein nussiges Aroma hat. Den Topf vom Herd nehmen, die Butter durch ein mit Küchenpapier ausgelegtes Sieb gießen und etwas abkühlen lassen. Die noch warme braune Butter mit den Eiern, der Milch, dem Mehl, 1 Prise Salz und der Orangenschale zu einem glatten Teig verrühren. Den Teig durch ein Sieb gießen und zugedeckt 30 Minuten ruhen lassen.

4 In einer beschichteten Pfanne jeweils etwas Öl und 1 Stück Butter erhitzen und den Crêpeteig mit dem Schöpflöffel portionsweise hineingeben. Die Pfanne schwenken und den Teig auf beiden Seiten zu hell gebräunten dünnen Pfannkuchen (8 Stück) backen.

5 Die Früchte im Gewürzsirup auf den Crêpes verteilen und mit etwas Sirup beträufeln. Die Crêpes zu Dreiecken falten und nach Belieben kurz vor dem Servieren mit Puderzucker bestäuben.

Johannes B. Kerner

» Alfons findet übrigens, dass dieser Nachtisch ein prima Mitbringsel für ein Picknick ist: Die Crêpes können vorgebacken und in einer runden Plastikschale mit Deckel transportiert werden. Damit sie nicht zusammenpappen, jeweils einen Bogen Backpapier dazwischenlegen. Für die Früchte eine extra Dose nehmen. «

Mini-Schokoladenpudding mit Orangencreme

Jamie Oliver

Zutaten für 8 Personen:

Für den Pudding:
Butter für die Tassen
150 g Zartbitterschokolade (70 % Kakaoanteil)
140 g Butter (in Stücken)
4 EL Kakaopulver
Salz · 4 Eier
200 g Zucker
3 EL heller Sirup (z. B. Ahornsirup)
3 geh. EL saure Sahne oder Crème fraîche

Für die Creme:
2 unbehandelte Orangen
400 g Crème fraîche
1 Schuss Vin Santo (ital. Dessertwein)
8 zerbröselte Sesamkekse

1 Den Backofen auf 180 °C vorheizen. Acht Espressotassen mit Butter einfetten. Die Schokolade grob hacken und mit der Butter in eine Schüssel geben. Den Kakao darübersieben, 1 Prise Salz dazugeben und die Mischung im heißen Wasserbad unter Rühren schmelzen lassen.

2 Die Eier trennen. Die Eigelbe und den Zucker in einer zweiten Schüssel mit dem Schneebesen hell-schaumig schlagen. Den Sirup und die saure Sahne hinzufügen. Die Eiweiße in einer weiteren Schüssel mit 1 Prise Salz zu steifem Schnee schlagen.

3 Die Schokoladenmischung langsam zur Eigelbmasse gießen und gut verrühren. Zunächst ein Drittel des Eischnees unterrühren, dann den Rest unterheben. Die Schokocreme auf die Tassen verteilen, diese dabei bis zum oberen Rand füllen. Die Tassen in ein tiefes Backblech stellen und so viel Wasser angießen, dass die Tassen zu zwei Dritteln darin stehen. Den Schokoladenpudding im vorgeheizten Backofen auf der mittleren Schiene 20 Minuten backen.

4 Für die Creme die Orangen heiß waschen, trocken reiben und die Schale mit dem Zestenreißer in feinen Streifen abziehen. Die Crème fraîche, die Orangenzesten und den Wein in einer Schüssel verrühren.

5 Den Schokopudding in Tassen aus dem Backofen nehmen, jeweils etwas Orangencreme daraufgeben und mit Sesamkeksbröseln bestreuen.

Johannes B. Kerner

» Der Auftritt des wohl einzigen Weltstars unter den TV-Köchen in unserer Sendung war etwas ganz Besonderes. Weltstar ist Jamie übrigens zu Recht. Denn er ist nicht nur unglaublich smart (ja, wir haben uns in der Sendung geküsst, aber ich kann das erklären; siehe Seite 178), sondern kann auch unheimlich gut kochen. Manche Gerichte sind zudem so unkompliziert, dass es einfach Spaß macht, sie nachzukochen (ich erwähnte schon an anderer Stelle das beste Bolognese-Rezept der Welt). Dieses Nachtisch-Rezept ist vielleicht nicht ganz so ›simple‹, aber auch dafür gilt: nachmachen, essen, sich freuen. Lovely! «

Schokoküsse mit Nuss-Sahne

Horst Lichter

Zutaten für 4–6 Personen:

1 unbehandelte Zitrone
5 Eier
150 g Zucker
150 g Mehl
Puderzucker zum Bestäuben
250 g dunkle Kuvertüre
1 cl Cognac
500 g Sahne
3 Päckchen Vanillezucker
2 EL Haselnüsse (fein gehackt)

1 Den Backofen auf 180 °C vorheizen. Die Zitrone heiß waschen, trocken reiben und die Schale fein abreiben. Die Eier trennen und die Eiweiße steif schlagen, dabei den Zucker einrieseln lassen. Die Eigelbe verquirlen und nach und nach unterheben. Das Mehl auf den Eischnee sieben, die Zitronenschale hinzufügen und beides ebenfalls unterheben.

2 Ein Backblech mit Backpapier auslegen. Die Eiermasse in einen Spritzbeutel mit großer Lochtülle füllen, kleine Häufchen mit etwa 3 cm Abstand auf das Backblech spritzen (30 bis 40 Stück) und mit Puderzucker bestäuben. Die Plätzchen im vorgeheizten Backofen auf der mittleren Schiene 10 bis 15 Minuten goldbraun backen und noch heiß vom Backpapier lösen.

3 Die Kuvertüre grob hacken, im heißen Wasserbad schmelzen lassen und mit dem Cognac und etwas Sahne glatt rühren. Die restliche Sahne mit dem Vanillezucker steif schlagen und die Haselnüsse unterrühren.

4 Zum Servieren nach Belieben die Oberseite der Biskuitplätzchen mit einem scharfen Messer glatt schneiden. Auf zwei Drittel der Plätzchen jeweils mittig 1 Klecks geschmolzene Schokolade geben und etwas Nuss-Sahne darauf verteilen. Je 2 Plätzchen aufeinandersetzen und mit den restlichen Plätzchen bedecken. Die Küsse mit der übrigen Schokolade überziehen und etwa 10 Minuten in den Kühlschrank stellen, damit die Schokolade fest wird. Nach Belieben mit Puderzucker bestäubt servieren.

5 Alternativ kann man zwei Drittel der Plätzchen nur mit Schokolade bestreichen und jeweils 2 Plätzchen aufeinandersetzen. Mit den restlichen Plätzchen bedecken, mit der übrigen Schokolade überziehen und fest werden lassen. Für die Deko 2 Orangen schälen, 1 Orange in Scheiben schneiden, die zweite filetieren. Je 2 Orangenscheiben auf Dessertteller legen, die Schokoküsse darauf anrichten und mit etwas Sahne und 1 Orangenfilet garnieren.

Johannes B. Kerner

» Noch etwas finde ich bemerkenswert: Die Zuschauer beteiligen sich rege an jeder Kochshow. Nach der Ausstrahlung der Sendung, in der Horst seine Schokoküsse präsentiert hat, erreichten uns unzählige E-Mails. Der Grund: Horst waren die Küsse nicht gelungen, sie gingen nicht auf bzw. fielen in sich zusammen. Die Zuschauer hatten die verschiedensten Ideen, woran dies gelegen haben könnte. Scheinbar war Horst bei der Vorbereitung irgendeine Mengenangabe durcheinandergeraten. Jetzt kann nichts mehr schiefgehen: Das Rezept wurde für dieses Buch natürlich noch einmal überarbeitet. «

Kirschstrudelblüte mit Mandelsabayon und Holundersorbet

Johann Lafer

Zutaten für 4 Personen:

Für das Sorbet:
1 Blatt weiße Gelatine
310 ml Holunderblütensirup
Saft von 1 Zitrone
1 Schuss Weißwein

Für die Strudelblüte:
2 Blätter Strudelteig (aus dem Kühlregal)
zerlassene Butter zum Bestreichen
Puderzucker zum Bestäuben
Butter für die Förmchen
200 g Marzipanrohmasse
3 Eier · 75 g Butter
80 g Zucker
Mark von 1 Tahiti-Vanilleschote
2 EL Rum · 3 EL Mehl
100 g Kirschen

Für das Sabayon:
50 g geröstete Mandelblättchen
100 ml Milch
40 g Zucker
3 Eigelb
2 cl Amaretto (ital. Mandellikör)

1 Für das Sorbet die Gelatine in kaltem Wasser einweichen. 1/4 l Wasser mit dem Sirup, dem Zitronensaft und dem Weißwein verrühren. Etwas Holundermischung abnehmen, erhitzen und die ausgedrückte Gelatine darin unter Rühren auflösen. Wieder unter die restliche Holundermischung rühren und in der Eismaschine zu einem Sorbet gefrieren lassen.

2 Den Backofen auf 200 °C vorheizen. Für die Strudelblüte die Strudelteigblätter auslegen und in 8 Quadrate (etwa 12 x 12 cm) schneiden. Die Hälfte der Teigquadrate mit flüssiger Butter bestreichen und leicht mit Puderzucker bestäuben. Die restlichen Teigquadrate jeweils leicht versetzt darauflegen, sodass ein Stern entsteht. Die Teigsterne in gefettete Briocheförmchen drücken, dabei jeweils die Ecken über den Rand stehen lassen.

3 Das Marzipan in kleine Würfel schneiden, die Eier trennen. Das Marzipan mit Butter, Zucker, Vanillemark und Rum vermischen. Nach und nach die Eigelbe dazugeben und die Masse schaumig rühren. 2 Eiweiße zu steifem Schnee schlagen, unter die Marzipanmasse ziehen und das Mehl unterheben.

4 Die Kirschen waschen und entsteinen. Die Strudelblätter zunächst mit etwas Marzipanmasse bestreichen, mit den Kirschen füllen und die restliche Marzipanmasse daraufgeben. Die Strudelblüten im vorgeheizten Backofen auf der mittleren Scheine etwa 12 Minuten goldbraun backen. Die Teigblüten kurz abkühlen lassen, aus den Förmchen lösen und mit Puderzucker bestäuben.

5 Für das Sabayon die Mandeln mit der Milch und dem Zucker aufkochen, vom Herd nehmen und abkühlen lassen. Durch ein Sieb gießen, dabei die Mandeln gut ausdrücken. Die Mandelmilch mit den Eigelben im heißen Wasserbad schaumig schlagen. Aus dem Wasserbad nehmen und weiterschlagen, bis das Sabayon cremig ist. Zuletzt mit dem Amaretto abschmecken. Die Strudelblüten mit dem Mandelsabayon anrichten. Von dem Holundersorbet mit einem Eisportionierer Kugeln abstechen und dazu servieren.

Johannes B. Kerner

» Im Vorfeld jeder Sendung wird festgelegt, welcher Koch an welcher Position arbeiten wird. Der erste Gang ist wegen der wenigen Zeit, die man hat, um ihn fertigzustellen, der unbeliebteste. Das Dessert haben aber auch nicht alle gleich gern, da man zwar fast eine Stunde Zeit für seine Arbeit hat, aber manchmal auch etwas außen vor ist. Johann ist nicht gern außen vor, liebt es aber, Desserts zuzubereiten. Seit er gelernt hat, ist das so: Schließlich war er Chefpatissier bei Eckhart Witzigmann und arbeitete in Paris beim legendären Gaston Lenôtre, der auch ›der König der Zuckerbäcker‹ genannt wird. «

Millefeuilles mit Erdbeeren und Vanillecreme

Johann Lafer

Zutaten für 4 Personen:
300 g Blätterteig (aus dem Kühlregal)
80 g Puderzucker zum Bestäuben
100 g Sahne
40 g Zucker
Mark von 1 Tahiti-Vanilleschote
3 Eigelb
2 Blatt weiße Gelatine
1 TL Zitronensaft
2 cl Rum
100 g Sahne
500 g kleine Erdbeeren
100 g Erdbeermarmelade

1 Den Backofen auf 200 °C vorheizen. Den Blätterteig in der Größe eines Backblechs viereckig ausrollen und auf ein mit Backpapier ausgelegte Blech legen. Den Teig mit einer Gabel mehrmals einstechen und mit einem weiteren Bogen Backpapier abdecken. Ein zweites Backblech zum Beschweren darauflegen und den Blätterteig im vorgeheizten Backofen auf der mittleren Schiene etwa 15 Minuten backen. Danach das obere Backblech und das Backpapier entfernen und den Teig weitere 5 Minuten backen. Aus dem Ofen nehmen und abkühlen lassen.

2 Aus dem Teig mit einem Ausstecher (8 cm Durchmesser) 12 Kreise ausstechen. Die Kreise dick mit Puderzucker bestäuben und unter dem Backofengrill goldbraun karamellisieren. Die Teigkreise abkühlen lassen, wenden, mit Puderzucker bestäuben und ebenfalls unter dem Backofen karamellisieren.

3 Die Sahne mit dem Zucker und dem Vanillemark aufkochen und vom Herd nehmen. Ein Drittel der kochenden Flüssigkeit abnehmen und die Eigelbe unterrühren. Die Eiersahne zurück in den Topf zu der Vanillesahne geben, auf den Herd stellen und unter ständigem Rühren bei schwacher Hitze dickflüssig einköcheln lassen (die Flüssigkeit darf auf keinen Fall mehr sprudelnd kochen). Die Vanillecreme sofort durch ein feines Sieb in ein kaltes Gefäß gießen.

4 Die Gelatine in kaltem Wasser einweichen, gut ausdrücken und unter die Creme rühren. Die Vanillecreme abkühlen lassen, dann den Zitronensaft und den Rum unterrühren und die steif geschlagene Sahne unterheben.

5 Zum Anrichten die Erdbeeren waschen und putzen. Die Marmelade erwärmen und die Erdbeeren untermischen. Je einen Blätterteigkreis in die Mitte eines Tellers legen, etwas Vanillecreme daraufgeben und die Erdbeermischung vorsichtig in die Creme drücken. Nochmals etwas Creme daraufgeben und einen zweiten karamellisierten Blätterteigkreis daraufsetzen. Den Vorgang wiederholen, sodass ein doppelstöckiger Turm entsteht. Nach Belieben mit Erdbeermark, Vanillesauce und Minze garnieren.

Johannes B. Kerner

» Ich sehe noch Johanns Strahlen in den Augen, als er die Nachtischplatte fertig angerichtet hatte und die Kollegen staunend um ihn herumstanden. Besonders bei Johanns Nachtischen gilt nämlich das Motto ›Das Auge isst mit!‹. Und das Strahlen verstärkte sich, als die Kollegen probierten, mit den Augen rollten, sich über die Bäuche strichen und applaudierten: Da freute er sich diebisch. Johann sagt übrigens, die beste Vanille der Welt käme aus Tahiti. Ich kann das nicht beurteilen. Ich sage, die besten Nachtische der Welt kommen aus der Steiermark. Denn da kommt Johann her. «

Feurige Schokoladentascherl mit Kokoseis und Maracujasabayon

Johann Lafer

Zutaten für 4–6 Personen:

Für das Eis:
1 Tahiti-Vanilleschote
250 g Sahne
1/4 l Kokosmilch
80 g Crème fraîche
200 g Zucker

Für die Tascherl:
300 g mehlig kochende Kartoffeln
3 Eigelb
3 EL zerlassene Butter
50 g Speisestärke · Salz
Mehl für die Arbeitsfläche
40 g Sahne
12 Stücke Zartbitterschokolade mit Chili (à 3 x 2 cm)
100 g Butter
50 g Semmelbrösel
100 g gemahlene Walnüsse
2 EL Zucker
abgeriebene Schale von 1 unbehandelten Orange
Zimtpulver
Chili aus der Gewürzmühle
frisch geriebene Muskatnuss

Für das Sabayon:
50 ml Maracujafruchtsaft
100 g Maracujafruchtmark
4 Eigelb · 60 g Zucker

1 Für das Eis die Vanilleschote längs aufschneiden und das Mark herauskratzen. Die Sahne mit Kokosmilch, Vanillemark und -schote, Crème fraîche und Zucker in einen Topf geben und auf etwa 90 °C erhitzen. Durch ein feines Sieb gießen und in der Eismaschine gefrieren lassen.

2 Für die Tascherl die Kartoffeln mit Schale garen, abgießen und kurz abdampfen lassen. Die Kartoffeln pellen und noch warm zweimal durch die Kartoffelpresse drücken, damit sie besonders fein zerkleinert werden. Die Kartoffelmasse mit 1 Eigelb, der zerlassenen Butter, der Speisestärke und 1 Prise Salz zu einem glatten, geschmeidigen Teig verkneten.

3 Den Kartoffelteig auf der bemehlten Arbeitsfläche 3 bis 4 mm dick ausrollen und in 12 etwa 9 x 9 cm große Quadrate schneiden. Die restlichen Eigelbe und die Sahne verquirlen und die Ränder der Teigquadrate damit bestreichen. Jeweils auf die eine Seite der Quadrate ein Stück Schokolade legen, dann den Teig zusammenklappen und die Ränder fest andrücken. In kochendes Salzwasser geben, die Hitze reduzieren und die Tascherl im leicht siedenden Wasser 5 Minuten ziehen lassen. Herausnehmen und abtropfen lassen.

4 Die Butter in einer Pfanne zerlassen, die Semmelbrösel, die Walnüsse und den Zucker darin anrösten. Die Orangenschale sowie je 1 Prise Zimt, Chili und Muskatnuss unterrühren und mitrösten. Die Schokoladentascherl in den Gewürzbröseln schwenken.

5 Für das Sabayon den Maracujafruchtsaft und das -mark mit den Eigelben und dem Zucker im heißen Wasserbad schaumig aufschlagen. Aus dem Wasserbad nehmen und weiterschlagen, bis das Sabayon cremig ist.

6 Die feurigen Schokoladentascherl mit dem Maracujasabayon anrichten. Von dem Kokoseis mit einem Eisportionierer Kugeln abstechen und dazu servieren, nach Belieben mit frischen Himbeeren und Minze garnieren.

Johannes B. Kerner

» Vor ein paar Jahren habe ich gedacht, dass das unnötigste Gerät, das man in der Küche herumstehen haben kann, eine Eismaschine ist. Ich würde sogar behaupten, dass die meisten ihre Eismaschine im Keller verstauben lassen. Wie dumm von mir. Natürlich ist die Eismaschine, die wir im Studio haben, ein Gerät für den semiprofessionellen Gebrauch: Sie kann in relativ kurzer Zeit größere Mengen Eiscreme zubereiten. Aber heute gibt es auch schon bezahlbare Eismaschinen mit eigener Kühlleistung für den Hausgebrauch. In diesem Buch werden Sie viele Eisrezepte finden. Kaum eines würde so gut sein, wenn das Eis NICHT selbst gemacht wäre. «

Schokoladen-Cup-Cakes mit Himbeeren

Peggy Porschen

Zutaten für 20–30 Stück:
Für die Cup Cakes:
250 g Himbeeren
(frisch oder tiefgekühlt)
450 g dunkle Kuvertüre
(53 % Kakaogehalt)
200 ml Milch
335 g Zucker
125 g weiche Butter
2 große Eier · 220 g Mehl
1 1/2 TL Backpulver
2–3 EL Kakaopulver
Salz · 125 g Sahne
Für die Zuckerblumen:
600 g Puderzucker
2 Eiweiß · Zitronensaft
rosa und grüne Lebensmittelfarbe

Johannes B. Kerner

» Das ist natürlich etwas für Fortgeschrittene. Bevor Peggy ihre aufwendigen Tortenkreationen an ihre Kundschaft in London ausliefert, macht sie mehrere Testläufe, ob das Ganze auch optisch zum Geschmack passt. Für ein Dessert von Elton John waren vier Tests nötig, mit denen sie wochenlang beschäftigt war. Für die Sendung hatten wir sie natürlich gebeten, etwas leicht Nachvollziehbares zu backen. An diese saftigen Cup Cakes können Sie sich also getrost wagen. Und bevor Sie an den filigranen Zuckerblumen verzweifeln: Man kann sie auch fertig beim Konditor kaufen. «

1 Den Backofen auf 160 °C vorheizen. In die Vertiefungen einer Muffinform Papierförmchen setzen. Die frischen Himbeeren verlesen, kurz abbrausen und vorsichtig trocken tupfen. Die tiefgekühlten Beeren etwas antauen lassen.

2 Von der Kuvertüre 150 g abwiegen und fein hacken. Die Milch, die Hälfte des Zuckers und die Kuvertüre in einem Topf aufkochen, bis sich der Zucker und die Schokolade aufgelöst haben. Den Topf vom Herd nehmen.

3 Die Butter und den restlichen Zucker in einer Schüssel mit den Quirlen des Handrührgeräts hell-schaumig rühren. Die Eier verquirlen und unter die Buttermasse rühren. Das Mehl mit dem Backpulver, dem Kakao und 1 Prise Salz mischen, auf die Buttermasse sieben und ebenfalls unterrühren. Die heiße Schokoladenmilch nach und nach unter den Teig rühren.

4 Jeweils 2 bis 3 Himbeeren in die Papierförmchen setzen. Den Teig maximal zwei Drittel hoch einfüllen und die Cup Cakes im vorgeheizten Backofen auf der mittleren Schiene 15 Minuten backen. Herausnehmen und 5 Minuten ruhen lassen. Die Cup Cakes aus der Form lösen und auf dem Kuchengitter abkühlen lassen.

5 Für den Schokoladenüberzug die restliche Kuvertüre fein hacken und in eine Schüssel geben. Die Sahne kurz aufkochen lassen und zu der Schokolade gießen. Mit dem Schneebesen zu einer dicken Creme verrühren und abkühlen lassen.

6 Für die Zuckerblumen den Puderzucker in eine Schüssel sieben. Die Eiweiße verquirlen und mit 1 Spritzer Zitronensaft zum Puderzucker geben. Die Eiweiße mit den Quirlen des Handrührgeräts auf der niedrigsten Stufe zu steifem Schnee schlagen. Die Spritzglasur mit einem feuchten Tuch abdecken.

7 Etwa ein Viertel der Spritzglasur abnehmen, hellgrün färben und mit einem feuchten Küchentuch abgedeckt beiseitestellen. Die restliche Spritzglasur halbieren und eine Hälfte mit der rosa Lebensmittelfarbe hellrosa, die andere Hälfte dunkelrosa färben. Die hellrosa Spritzglasur in einen Spritzbeutel mit Rosenblatttülle füllen (etwas Glasur für die Tupfen beiseitestellen) und auf Backpapier die Blütenblätter aufspritzen. Die Blüten trocknen lassen. Mit der dunkelrosa Spritzglasur ebenso verfahren.

8 Die beiseitegestellten rosa Spritzglasuren in zwei kleine Spritztüten aus Pergament füllen und jeweils kleine helle Tupfen in die Mitte der dunklen Blüten spritzen und umgekehrt. Die grüne Spritzglasur ebenfalls in eine kleine Pergament-Spritztüte füllen und die Spitze der Spritztüte mit einer Schere einschneiden. Kleine Blätter auf Backpapier spritzen und trocknen lassen.

9 Die Cup Cakes mit der Schokoladencreme überziehen und etwas fest werden lassen. Dann die Zuckerblumen und -blätter daraufsetzen.

Mutzen mit Erdbeersauce

Horst Lichter

Zutaten für 4 Personen:
500 g Erdbeeren
100 g Puderzucker
3 EL Orangenlikör (z. B. Grand Marnier)
4 EL Rum
50 g weiche Butter
2 Eier
500 g Zucker
1 Päckchen Vanillezucker
250 g Sahnequark
250 g Mehl
1/2 TL Natron
1 1/2 kg Kokosfett zum Frittieren

1 Für die Erdbeersauce die Erdbeeren waschen, putzen und klein schneiden. Mit dem Puderzucker und dem Orangenlikör in einem Topf gut mischen, einmal aufkochen lassen und 1 EL Rum dazugeben. Die Erdbeersauce warm halten.

2 Für die Mutzen die Butter mit den Eiern in einer Schüssel schaumig rühren, nach und nach 150 g Zucker und den Vanillezucker unterrühren. Zuletzt den Quark untermischen. Das Mehl mit dem Natron vermengen und unter die Quarkmasse heben. So lange rühren, bis ein glatter Teig entsteht, und mit dem restlichen Rum verfeinern.

3 Das Kokosfett in der Fritteuse auf etwa 170 °C erhitzen. Aus dem Teig mit zwei Esslöffeln kleine Nocken abstechen und im heißen Fett goldbraun ausbacken. Die Mutzen mit dem Schaumlöffel herausheben und auf Küchenpapier abtropfen lassen. Den restlichen Zucker in einen tiefen Teller geben und die Mutzen darin wenden.

4 Zum Servieren die Erdbeersauce auf Teller verteilen und die Mutzen auf dem Saucenspiegel anrichten.

Johannes B. Kerner

» Dieses Rezept wandert schon seit Generationen durch die Familie Lichter, Horst übernahm es von seiner Mutter. Mutzen sind eine Spezialität aus dem Rheinland, und jede Hausfrau bereitet sie dort anders zu. So ist auch zu erklären, dass nach der Sendung einige Zuschriften kamen, dies sei kein typisches Mutzen-Rezept. Mir hat dieses ›Familie-Lichter-Mutzen-Rezept‹ auf jeden Fall lecker geschmeckt. «

Zwetschgenknödel mit roter Sauce und Nussbröseln

Sarah Wiener

Zutaten für 4 Personen:
500 g mehlig kochende Kartoffeln
2 kg Zwetschgen
120 g Mehl
30 g Hartweizengrieß
1 Bio-Ei · 250 g Butter
7 EL Zucker · Salz
1/8 l Rotwein
1 Zimtstange
60 g Semmelbrösel
je 75 g gemahlene Haselnüsse
und Walnüsse
50 g Puderzucker

1 Die Kartoffeln mit Schale in reichlich Wasser etwa 20 Minuten garen. In ein Sieb abgießen und abdampfen lassen. Die Kartoffeln pellen und noch warm durch die Kartoffelpresse in eine Schüssel drücken. Die Zwetschgen waschen, längs einschneiden und entsteinen.

2 Die Kartoffelmasse mit dem Mehl, dem Grieß, dem Ei, 30 g Butter, 2 EL Zucker und etwas Salz zu einem glatten Kartoffelteig verkneten. Den Teig zu einer dicken Rolle formen und diese in etwa 12 gleich dicke Scheiben schneiden. In jede Teigscheibe 1 Zwetschge drücken, den Teig darüber zusammennehmen und mit angefeuchteten Händen zu runden Knödeln formen.

3 Die Zwetschgenknödel in einem großen Topf in leicht kochendem Salzwasser 15 bis 20 Minuten garen. In der Zwischenzeit für die rote Sauce von den restlichen entsteinten Zwetschgen 1/2 kg abwiegen und in einem Topf mit dem Wein, 3 EL Zucker und dem Zimt bei mittlerer Hitze 10 Minuten einkochen lassen.

4 In einer beschichteten Pfanne 100 g Butter zerlassen und die Semmelbrösel darin unter Rühren goldbraun rösten. Dann die Hasel- und Walnüsse dazugeben und ebenfalls rösten. Zuletzt 2 EL Zucker unterrühren.

5 Die Zwetschgenknödel mit dem Schaumlöffel aus dem Topf heben, kurz abtropfen lassen und sofort in der Brösel-Nuss-Mischung wälzen.

6 Die restliche Butter zerlassen. Die Zwetschgenknödel mit der Buttersauce anrichten und mit Puderzucker bestäuben. Mit der roten Sauce servieren.

Johannes B. Kerner

» Sarah hat's drauf, sie kocht die Mehlspeisen-Klassiker ihrer Heimatküche blind. Mein erster Gedanke beim Knödelprobieren: Augen zu und Einkehrschwung-Erinnerungen an den letzten Skiurlaub. Sarah gibt noch folgenden Tipp: Falls die Zwetschgen je nach Erntedatum und Fruchtqualität nicht süß genug sind, können Sie bei der Zubereitung noch ein Stück Würfelzucker in jede Zwetschge stecken. «

Milchreisknödel mit Erdbeeren und Balsamico

Ralf Zacherl

Zutaten für 4 Personen:
900 ml fettarme Milch
2 1/2 EL Zucker
Salz
100 g Milchreis (Rundkornreis)
1 Eigelb
400 g Erdbeeren
50 ml Aceto balsamico
1/4 Bund Basilikum
12 Löffelbiskuits
Zimtpulver
1/2 EL Butter

1 In einem Topf 400 ml Milch mit 1/2 EL Zucker und 1 Prise Salz zum Kochen bringen. Den Reis nach und nach in die kochende Milch rühren und einmal aufkochen lassen. Den Milchreis bei schwacher Hitze etwa 25 Minuten quellen lassen, dabei gelegentlich umrühren, da er leicht anbrennt.

2 Wenn er die Flüssigkeit vollständig aufgenommen hat und weich ist, den Milchreis in eine Schüssel geben, mit Frischhaltefolie abdecken (damit keine Haut entsteht oder der Reis austrocknet) und abkühlen lassen.

3 Das Eigelb unter den abgekühlten Reis mischen und aus der Reismasse mit angefeuchteten Händen kleine Knödel (à 50 g) formen. Die Milchreisknödel mit Folie abdecken und beiseitestellen.

4 Die Erdbeeren waschen, putzen, je nach Größe vierteln oder halbieren und nach Belieben mit Zucker bestreuen. In einem Topf 1 EL Zucker karamellisieren, mit dem Essig ablöschen und vom Herd nehmen. Das Basilikum waschen und trocken schütteln, die Blätter abzupfen und in Stücke zupfen.

5 Die Löffelbiskuits in einen Gefrierbeutel geben und mit dem Nudelholz fein zerbröseln. Die Brösel in einer beschichteten Pfanne ohne Fett anrösten und abkühlen lassen. Anschließend mit 1 EL Zucker und 1 Prise Zimt mischen.

6 Die restliche Milch und die Butter in einem großen Topf bei mittlerer Hitze zum Kochen bringen, die Temperatur reduzieren und die Knödel etwa 3 Minuten in der warmen Milch ziehen lassen. Mit dem Schaumlöffel herausheben, etwas abtropfen lassen und in den Bröseln wälzen. Die Milchreisknödel mit den Erdbeeren auf Tellern anrichten und mit etwas Balsamico-Karamell-Sauce und Basilikumblättern garnieren.

Johannes B. Kerner

» Ein gutes Beispiel, wie man auch aus einem relativ einfachen Nachtischklassiker wie Milchreis unkompliziert und schnell etwas zaubern kann, wenn überraschend Gäste kommen. Mit der Kombination Erdbeeren, Balsamico und Basilikum machen Sie selbst aus einem fertigen Milchreis, der noch im Kühlschrank steht, etwas ganz Besonderes. «

Kerners Köche

Martin Baudrexel

Ein seltener Gast, einer der »Kochprofis« der Kollegen von RTL II. Sein Rezept im Buch (Seite 93) hat gefühlte 60 Zutaten, von denen man anfangs nicht glaubt, dass sie sich vertragen können. Wer es schafft, dass sie es doch tun, ist für mich eine Art Küchendirigent, der alles jederzeit unter Kontrolle behält. Wer sich auf der anderen Seite zutraut, mehr Derartiges zuzubereiten, sei »Raffiniert kochen mit Martin Baudrexel« ans Herz gelegt. Weitere Inspirationen kann man sich im Restaurant »Rubico« in München holen.

M. Baudrexel: Raffiniert kochen mit Martin Baudrexel, riva Verlag, ISBN 978-3-93699-454-4

Lydia Fikus

Lydia leitet die Kochschule von Drei-Sterne-Überkoch Dieter Müller (siehe unten), erhielt 2001 den »Feinschmecker«-Förderpreis und gibt Frauen, die den Weg in die Küchen der Top-Gastronomie einschlagen wollen, folgenden Tipp: »Ich teile gern aus. Wenn man nur einsteckt, dann nehmen einen die männlichen Kollegen gar nicht für voll!«

Alexander Herrmann

Manchmal mach ich die Augen zu und fühle mich wie in meinem Nebenberuf Sportmoderator bei einem Interview mit Lothar Matthäus. Alex und seine Kochkunst (noch mehr davon in »Koch doch 3«) mag ich so gern, dass ich mich sogar mit seinem Dialekt arrangieren kann. Ich habe seine »Drachenfüßler« (Seite 35) mit meinem Sohn nachgekocht, und seitdem spielt der mit der Idee, Koch zu werden. Alexanders »Herrmanns Romantik Posthotel & Restaurant« in Wirsberg bei Bayreuth ist im Gault Millau mit 17 von 20 möglichen Punkten bewertet worden.

A. Herrmann: Koch doch 3, Verlag Zabert Sandman, ISBN 978-3-89883-160-4

Kolja Kleeberg

Eigentlich wollte Kolja Rockstar werden. Das Problem: Koblenz hat schon einen Sänger. Thomas Anders. Deshalb wurde Kolja Koch und ging nach Berlin. Gut so, denn er beherrscht sein Fach einfach außerordentlich gut, und sein Sternerestaurant »Vau« ist eine feste Größe in der Hauptstadt. Mich fasziniert immer wieder sein detailliertes Wissen über seine Zutaten oder Gerichte, zumindest solange er nicht von ihnen singt. Kolja, ich weiß, dass Du über Dich selbst lachen kannst, seit Du mir folgende Geschichte erzählt hast: »Ich bekochte George Bush sen. im ›Vau‹. Weil es ihm so gut schmeckte, schenkte mir der Ex-Präsident beim Shakehands am Tisch seine Krawattennadel von der Brust weg. Ich war schwer begeistert – bis mir jemand anderes ein paar Monate später die gleiche Geschichte erzählte. Bush reist wohl immer mit einem ganzen Kasten voll Krawattennadeln durch die Welt.«

Mario Kotaska

Die Kotaska-Familie ist zu Hause zu viert. Mario, seine Frau Tina, sein kleiner Sohn Moritz und sein noch kleineres, aber deutlich älteres Messer, das Kochprofi Mario immer bei sich trägt (wie macht er das eigentlich im Flieger?). Einmal, kurz nachdem er seinen ersten Michelin-Stern erhalten hatte, war er wohl noch so aufgewühlt, dass er es tatsächlich vergessen und wahnsinnig vermisst hat. Das wäre gar nicht nötig gewesen, denn er ist nicht nur ein unglaublich angenehmer Zeitgenosse, sondern auch ein Virtuose seines Fachs, der es gewohnt ist, mit schwierigen Umständen klarzukommen: Die Küche in seinem Restaurant »La Société« im Kölner Südviertel ist so klein, dass er sich wie ein Hund fühlen muss, der endlich Auslauf hat, wenn er zu uns ins Studio kommt.

Johann Lafer

Johann ist zusammen mit Alfons mit Sicherheit die Respektsperson der Sendung. Einmal abgesehen davon, dass es ohne seine Hilfe nicht möglich gewesen wäre, diese Kochsendung von einem Tag auf den anderen auf die Beine zu stellen (wie es genau dazu kam, steht im Vorwort zum Buch »Kerners Köche«), gibt es so vieles, das ich an Johann einfach bewundere. Zum einen die Vielfalt seiner Kochkunst, egal welchen Gang er kocht und was er kocht, ob Asiatisches, opulente Nachspeisen aus Österreich oder von Landesgrenzen vollkommen losgelöste Eigenkreationen auf höchstem Sterneniveau. Dazu kommt: Bei kaum einem anderen spielt die Optik des Gerichts eine so bis ins letzte Detail ausgefeilte Rolle. (Das Auge isst mit – und nicht umgekehrt, wie es Johann einmal in Asien passiert ist, als er die Augen eines mir zum Glück nicht mehr bekannten Tiers mitessen musste). Dieses Niveau präsentiert Johann nicht nur in seinen Kochbüchern, wie »Lafer! Lichter! Lecker!« oder »Kochen für Freunde«, sondern selbstverständlich auch in seinen Restaurants auf der Stromburg in Stromberg. Noch mehr über Johann erfahren Sie in der gerade erschienenen Autobiografie »L: Lafer«.

J. Lafer: Kochen für Freunde, Verlag Zabert Sandmann, ISBN 978-3-89883-133-8
J. Lafer: L: Lafer – die Autobiografie, Collection Rolf Heyne, ISBN 978-3-89910-350-2

Horst Lichter

Man denkt bei Horst immer automatisch an Sahne. Das wäre zu einfach, man muss bei Horst an Sahne und Butter denken. Man unterschätzt dabei aber, wie viele unterschiedliche Rezepte er auch ohne Butter und Sahne, dafür aber mit ungeheurer Leidenschaft für seinen Beruf kreiert. Das beweist er ja auch immer wieder bei »Lafer! Lichter! Lecker!«, sowohl im ZDF als auch im gleichnamigen Buch. Horst ist ein außergewöhnlicher Mensch. Außergewöhnlich lustig. Außergewöhnlich spontan. Außergewöhnlich freundlich und unglaublich sympathisch. In seinem Restaurant, der »Oldiethek« in Butzheim, einen Platz zu ergattern ist ebenfalls unglaublich, und zwar unglaublich schwierig. Seine Lebensgeschichte ist so außergewöhnlich, dass RTL-Moderator Markus Lanz ein Buch über ihn geschrieben hat, dessen Titel »Und plötzlich guckst Du bis zum lieben Gott« nicht besser hätte gewählt werden können.

M. Lanz: Und plötzlich guckst Du bis zum lieben Gott, Gütersloher Verlagshaus, ISBN 978-3-57906-459-8
H. Lichter: Lafer! Lichter! Lecker!, Verlag Zabert Sandmann, ISBN 978-3-89883-150-5

Lea Linster

Sympathisch war mir Lea schon, als ich sie nur aus ihrer Kolumne in der »Brigitte« kannte (ja, ich lese die »Brigitte«, nicht nur beim Friseur oder Zahnarzt). Sie war die erste Frau, die eine der renommiertesten Gourmet-Auszeichnungen Europas, den legendären »Bocuse d'Or«-Preis erhalten hat – im Übrigen für den hier im Buch enthaltenen Lammrücken im Kartoffelmantel (Seite 132). Lea hat immer ein Lächeln, flirtet mit den Köchen um sie herum, liebt die Kamera – und die Kamera liebt sie. Vielleicht heißt ihr aktuelles Kochbuch deshalb auch »Kochen mit Liebe«. Luxemburgreisenden sei empfohlen, einmal ihr Restaurant in Frisange zu besuchen.

L. Linster: Kochen mit Liebe!, Diana Verlag, ISBN 978-3-45328-510-1

Stefan Marquard

Für viele der bei uns auftretenden Köche ist Stefan so etwas wie das Vorbild unter den Vorbildern. Mario oder auch Ralf verehren ihn und werden auch nicht müde, das immer wieder zu betonen. Ich gehöre auch zu seinen großen Bewunderern. Seit ich einmal bei einem Kindergeburtstag (und später auch in einer Sendung) seine Idee aus dem Buch »Los, koch mit uns!« aufgegriffen habe, aus einer länglichen roten Paprikaschote einen Formel-1-Rennwagen samt Fahrer (mit Helm!) zu bauen, bin ich auch bei den Freunden meiner Kinder endlich eine Respektsperson. Erst recht, als ich erzählte, dass Stefan einst »Die jungen Wilden« gründete, was die Kinder wohl für so etwas wie die »Wilden Kerle« hielten. Stefan hat kein eigenes Restaurant mehr, weil er fast alles erreicht hat, er berät jetzt Restaurant-Neugründer.

S. Marquard: Los, koch mit uns!, Hampp Verlag, ISBN 978-3-93668-249-6

Dieter Müller

Ein Meister, vielleicht der Großmeister der deutschen Sterneküche. Man darf nicht vergessen: Je mehr Sterne am Revers eines Kochs haften (und Dieter Müller hat drei davon, dazu 19,5 von 20 Gault-Millau-Punkten), desto größer ist die Gefahr, sich in einer Fernsehkochshow zu blamieren. Für Dieter Müller war das jedoch kein Problem, mit der Souveränität und Weisheit eines Mannes seines Fachs bereitete er die Steinbutt-Lachs-Roulade im Kräutermantel auf bunten Linsen, einen Klassiker aus dem »Schlosshotel Lerbach« in Bergisch-Gladbach, in unserem Studio zu (Seite 82). Noch mehr Rezepte des Meisters finden Sie im »Dieter Müller Kochbuch«.

D. Müller: Das Dieter Müller Kochbuch, Bassermann Verlag, ISBN 978-3-80942-192-4

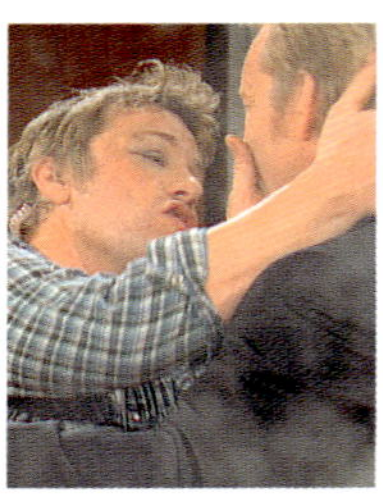

Jamie Oliver

Der Weltstar der Köche. Jamie war mit seinem langjährigen Freund Tim Mälzer in der Sendung und fiel durch ein blaues Auge auf (Möglichkeit 1: Er wollte ein Kobe-Rind per Kopfnuss erlegen; 2: Tims Kochkunst trieb ihm die Tränen der Glückseligkeit in die Augen; 3: Er geriet in einem seiner Restaurants nach dem Probieren seines eigenen Olivenöls ins Straucheln und stürzte über einen Stapel seiner Kochbücher). Bei der Aufzeichnung erzählte er von seiner ersten Freundin Helga aus Deutschland und demonstrierte an mir seine ersten Küsse mit ihr. »Besser kochen mit Jamie« ist sein aktuelles und wiederum hervorragendes Buch, und sein Restaurant »Fifteen« in London hat inzwischen Ableger in Cornwall, Amsterdam und Melbourne.

J. Oliver: Besser kochen mit Jamie, Dorling Kindersley Verlag, ISBN 978-3-83101-031-8

Cornelia Poletto

Cornelias legendärer erster Satz in der Sendung war: »Habt Ihr mal ein Pflaster?« Sie hätte es sich auch kurz zu Hause aus dem Schrank holen können. Ihr Sternerestaurant »Poletto« liegt nur zweieinhalb Kilometer von unserem Studio in Hamburg entfernt, weshalb auch der ein oder andere Aufzeichnungsabend in unterschiedlichster Besetzung in ihrer Küche endet. Die Qualität ihrer Kochkünste ist einfach herausragend. Eine grandiose Köchin. Eine tolle Frau. Das Buch zur Frau, »alles Poletto!«, ist unlängst erschienen.

C. Poletto: alles Poletto!, Gräfe und Unzer Verlag, ISBN 978-3-83380-445-8

Peggy Porschen

Ihre Torten und Kuchen sind begehrt unter Londons Top-Promis. Gwyneth Paltrow, Madonna und Elton John gehören zu ihren Kunden. Stella McCartney und ihr Mann bedankten sich für ihre Hochzeitstorte mit den Worten: »Thank you so much for making our wedding day so stunning and yummee! Your cakes were truely amazing!« Bevor ihr Buch »Meine schönsten Torten und Cookies« bei uns im Herbst auf den Markt kommt, hatte sie schon zwei Backbuch-Bestseller in England. Peggy, eine gebürtige Rheinländerin, hat ihr Handwerk bei berühmten Londoner Patissiers gelernt und sich vor gut drei Jahren mit ihrem Tortenstudio selbstständig gemacht.

P. Porschen: Meine schönsten Torten, Verlag Zabert Sandmann, ISBN 978-3-89883-174-1

Alfons Schuhbeck

Durch Alfons haben wir einen klitzekleinen Nord-Süd-Konflikt gelöst. Wir bekommen immer wieder Zuschriften, wie überrascht die Menschen außerhalb Bayerns sind, dass Alfons gar kein bayerischer Eigenbrötler ist. Wir jedenfalls freuen uns immer, wenn dieser im »Schuhbecks in den Südtiroler Stuben« in München mit Sternen hantierende Ausnahmekoch zu uns »Kämpfern« kommt. Und man merkt, der Koch des FC Bayern München reist gern zum Auswärtsspiel nach Hamburg an. Es scheint, hier haben sich zwei gefunden, eine Städtepartnerschaft auf höchstem Niveau. An Alfons' Fachwissen teilhaben zu können lässt uns jedenfalls oft und frei nach dem legendären Zitat der Bild-Zeitung sagen: »Wir sind Gewürz-Papst!« Wenn Sie dieses Wissen teilen wollen, empfehle ich Ihnen seine Sendungen im Bayerischen Fernsehen und sein vom Umfang her bibelähnliches Standardwerk »Meine bayerische Küche«.

A. Schuhbeck, Meine bayerische Küche, Verlag Zabert Sandmann, ISBN 978-3-89883-097-3

Andreas C. Studer

»Studi« ist ein guter Typ. Sein Markenzeichen, die verkehrt herum getragene rote Baseballmütze, ist nach Meinung einiger Zuschauer Geschmackssache, die Ergebnisse seiner Kochkunst hingegen nicht. Er beherrscht seine Schweizer Heimatküche so gut, wie er die Einflüsse seiner Stationen in Mexiko und San Francisco in seine Gerichte einfließen lässt. In einem eigenen Restaurant kocht er im Moment nicht, dafür nach wie vor im Schweizer Fernsehen. Neben Kochbüchern (sein aktuelles heißt »Happy Cooking«) schreibt er gerade auch an einem Kriminalroman. Ein langes Küchenmesser soll eine wichtige Rolle spielen.

A. C. Studer: Happy Cooking, Kosmos Verlag, ISBN 978-3-44011-265-6

Sarah Wiener

Sie hat den Cook-Appeal im Blut, vielleicht sogar erfunden. Eine Bereicherung einer jeden Sendung, wenn sie denn Zeit findet zu kommen, denn Sarah ist eine unglaubliche Geschäftsfrau: drei Restaurants mit unterschiedlichen Konzepten in Berlin (»Speisezimmer«, »Sarah Wiener im Hamburger Bahnhof«, »Bistro in der Akademie der Künste«), dazu ein Event- und Filmcatering, um das man nicht herumkommt, wenn man als Hollywoodproduktion in Berlin, Babelsberg oder Umgebung dreht. Chefin über 100 Mitarbeiter, Autorin des »Großen Sarah Wiener Kochbuchs«, Ehrenpreis-Trägerin des »Herforder Gastronomiepreises«, einer der höchsten Auszeichnungen der Branche, kulinarische Europareisende für »arte«, Mutter, klasse Frau, Salz- und Bioprodukt-Liebhaberin: keine Ahnung, wie sie das alles unter einen Hut bringt.

S. Wiener: Das große Sarah Wiener Kochbuch, Knaur Verlag, ISBN 978-3-42664-363-1

Ralf Zacherl

War einmal Deutschlands jüngster Sternekoch. Ralf ist ein super Typ, der wegen seines Aussehens manchmal falsch eingeschätzt wird. Freut sich immer riesig, wenn seine Kreationen anderen schmecken – was in der Regel der Fall ist, denkt man nur daran, wie er uns immer wieder mit Nachtischen der eigenen Art überrascht (Sie MÜSSEN die Orangen-Panna-cotta mit Vanille-Paprika-Sugo probieren; Seite 149). Macht nie auf dicke Hose, hat er auch nicht nötig. Egal was, er kocht immer auf himalajahohem Niveau. Schade, dass man seine Kreationen nicht als Gast eines Restaurants probieren kann. Dafür sieht man ihn aber regelmäßig bei den RTL-»Kochprofis« am Herd stehen und kann auf KIKA verfolgen, wie er mit Kindern aufregende Kochabenteuer besteht. Die Rezepte dazu findet man in »Planet Cook«.

R. Zacherl: Planet Cook – Das total verrückte Kochbuch, Dorling Kindersley Verlag, ISBN 978-3-8310-0932-9

Danksagung

Unbeschreiblichen Dank an alle Köche, die bislang in unserem Hamburger Studio mitgewirkt haben.

Unheimlich großer Dank an alle beteiligten Kollegen beim ZDF, besonders Eva Wahler, Birgit Göller, Markus Templin, Manfred Teubner.

Unverschämterweise zu selten ausgesprochener und deswegen besonders herzlicher Dank an das Team, das das Chaos nach jeder Sendung wieder in Ordnung bringt, besonders Ute Lange, Waltraut Sellmer, Lydia Agenang, Jeanette Hoffmann, Jenny Seberin und Gottfried Dako.

Uneingeschränkten Dank an die nach wie vor beste Requisite der Welt, besonders an Anette, Beke und ihr Team.

Unerwähnt soll nicht der Dank bleiben an die Regisseure Anneke Meissner, Ladislaus Kiraly, Knut Fleischmann und Prof. Volker Weicker sowie die Technik-Crew von Thomas Block, ohne die die Sendung schlichtweg nicht zu sehen wäre.

Unverdient ist nicht der Dank an alle Mitarbeiter aus Produktion und Redaktion sowie die Kochteams der letzten Jahre, besonders Andrea, Monika, Silke, Manu. Und herzlichen Dank an Susanne und Jessi.

Undankbar wäre es, wenn Christian für all das wieder eine Flasche Wein haben wollte.

Und sehr gern, danke, Markus.

Bildnachweis

Coverfoto und Rezeptfotos:
Jan-Peter Westermann,
www.westermannstudios.de
Umschlagrückseite: Wolfgang Lehmann
Vorsatz/Nachsatz: 3D-Motiv:
Torsten Hemke, 3d-top-event.com
Set-Fotos:
Wolfgang Lehmann 8, 9, 16, 26, 30, 34, 35, 42, 62, 66, 88, 106, 122, 143, 144, 168, 172, 173; medienpublikation.de 27, 40, 102, 157, 177 oben, 178 (1. und 2. von oben); Kai-Uwe Nielsen 12, 50, 57; Jan-Peter Westermann 7, 11, 22, 23, 37, 41, 71, 72, 101, 131, 139